이 시대의 가무악시리즈 I

한국전통의 맥
藝人展

저자소개

송미숙

現)	국립진주교육대학교 교수, 사)한국전통예술협회 이사장 한국예술문화연구학회 회장, 장흥심류 전통춤 전승보존회 회장 한국문화예술컨텐츠연구소 소장, 사)한국춤협회 수석부이사장 경남 무형문화재위원회 위원, 울산광역시 무형문화재위원회 위원 이북5도 무형문화재위원회 위원, 재)경남문화예술진흥위원회 위원 재)진주문화관광재단 이사, 문화자치전국포럼 전통분과 위원장
前)	문화재청 무형문화위원회 위원, 사)대한무용협회 전통분과위원장 사)한국국악협회 무용분과위원장, 서울시남산한옥마을전통예술단 감독
수상	한밭국악전국대회 명무부 대통령상(2005), 사)한국국악협회 국악대상(2016) 국제문화예술대상(2016), 국립국악원 국악교육자 대상(2019) 한국예술평론가협의회 제41회 올해의 최우수예술가상(2021) 한국무용학회 최우수학술상(2023), 사)한국국악협회 표창장(2023) 국악신문사 한국전통 예술인상(2023), 표창장 국무총리상(2023)
저서	『무용개론』(편저), (금광, 1998), 『창작을 위한 무용교육』(공역), (금광, 2000) 『안성향당무』(저), (푸른미디어, 2004) 『문화예술교육의 이론과 실제』(공저), (레인보우북스, 2014) 『초등무용교수법』(공저), (나무, 2015) 『문화예술교육 개론』(공저), (레인보우북스, 2019) 『바라승무』(저), (레인보우북스, 2023)

이주영

現)	고려대 문학박사, 한양대 겸임교수, 고려대 외래교수, 중앙대 외래교수, 시인 무용 대본작가, 무용평론가, 충남문화관광재단 이사, 광명문화재단 이사 국립남도국악원 공연평가위원, 국립민속국악원 공연평가위원 무용역사기록학회 부회장, 한국융합과학회 편집위원, 영남춤학회 편집위원 〈더무브〉, 〈댄스TV〉, 〈THE인천〉, 〈몸〉 등 평론 필진
前)	(사)조승미발레단 기획홍보실장, 세종문화회관 서울시무용단 기획실장 국립극장 기획위원, 인천문화재단 본부장, 경기아트센터 경기도무용단 기획실장 경희대 외래교수, 공주교육대 외래교수, 세종시문화관광재단 이사 송파문화재단 이사
수상	『문학저널』 신인문학상 수상(시인 등단, 2009) 문화체육관광부 장관상 수상(2011)
저서	『서울시무형문화재 제41호 송서』(공저), (서울특별시, 2023) 『이주영 무용평론집 : 글의 기록, 춤의 기억』, (이앤북스, 2022) 『극장레퍼토리』, (커뮤니케이션북스, 2016) 『문화콘텐츠 연구의 현장』(공저), (푸른사상, 2014) 외 논문 다수 「하루: 레종 데트르(raison d'être)」(2021 대한민국무용대상 대통령상) 외 무용 대본 다수

CONTENT

I. 한국 전통춤 맥(脈)의 인문학적 논점

II. 춤추는 예인들

서문

1. 한국 전통춤의 분류와 미학적 특징 ··· 10
   1) 한국 전통춤의 분류 ··· 10
   2) 한국 전통춤의 미학적 특징 ··· 12
2. 한국 전통춤 맥의 확장과 변주 고찰 ··· 14
   1) 한국 전통춤 맥의 확장 ··· 14
   2) 한국 전통춤 맥의 변주 ··· 14
3. 맺음말 ··· 15

엄옥자	18	유영희	24
김태연	29	이성자	33
임영순	37	송미숙	43
임수정	49	김승일	56
염현주	60	박미영	64
윤혜정	69	서한우	73
김정태	77	최창덕	80
양향진	84	최 용	88
문진수	93	정주미	101
변지연	106	정용진	110
권영심	114	고명구	118
남선희	123	김효정	126
조은성	130	정미심	134
김진희	139	이해원	143
강미선	148	유일상	152
정도겸	156	박흥식	161
이경림	167	윤애람	172
하현조	177	이은희	183
최인영	187	김경은	191
엄선미	197	송경숙	201
송진호	204	백봉선	208
허정은	213	홍예인	216
신동옥	219	김아론	223
송현아	227	이연정	231
강기쁨	235	장현순	240
이지민	243	정재현	247

서문

예인(藝人),
삶의 언어를 몸짓으로 꿰어내다

〈한국전통의 脈 예인전〉은 2023년도 '한국전통의 脈 100인전' 공연에 참여한 무용가와 작품에 대한 아카이빙 Archiving 이다. 과거에 머무는 기록이 아니라 미래를 향한 기록을 지향한다. '한국전통의 脈 100인전' 무대에서 우리춤의 진수를 보여준 무용가들을 집중 조명하고, 글과 사진을 통해 공연 현장의 숨소리를 책에 담는다.

'脈이 흐르는 무대'는 '脈이 켜켜이 쌓인 서적'을 통해 오늘과 내일을 다시 한 번 마주할 수 있다. 세월에 묻히는 것이 싫어 올곧은 받음을 위해 배우고, 온 몸을 던지는 춤꾼들. 기품 있으면서도 유유한 장단의 흐름과 함께 춤사위를 더해 예혼의 극치를 현장에서 함께 하는 것이 바로 예인 藝人 이다.

사단법인 한국전통예술협회는 2023년 기획무대 '이 시대의 가무악시리즈 I - 한국전통의 맥 100인전'을 개최하였다. 공개모집 과정을 통하여 선정된 전통예술인들이 서울효윤아트센터와 전통공연예술진흥재단 전통공연창작마루 광무대에서 3월부터 12월까지 매월 2회 전통춤 공연을 펼쳤다. 우리 것에 대한 진정성과 예인의 길을 향해 묵묵히 가고자 하는 예술인들과 이 시대의 가무악 향연의 장을 펼친 작업을 토대로 '예맥 & 춤추는 사람들의 무 舞 의 기록'을 아카이빙하고자 한다.

'한국전통의 맥 100인전'은 전통예술의 이음과 예맥의 장이다. 예인들의 명작을 함께하는 만남의 시공간이다. 본 공연에 참여한 춤꾼은 독무와 군무를 포함해 총 138명이 참가하였다. 국가무형문화재 종목, 시도무형문화재 종목, 미지정 전통춤, 신전통춤 등 78여 작품이 무대에 올랐다. 2023년 3월부터 시작한 100인전은 12월 16일 공연을 끝으로 전통예술인들의 대장정이 성황리에 마무리됐다.

우리춤 문화유산을 발굴하고, 그 춤을 지켜나가는 사람들의 모습을 만나는 이 시대. 각자의 모습으로 간직하고 있는 현재의 춤을 총해 춤유산의 당대적 가치를 길어올리고자 했다. 그 자체로서의 명무, 명무를 짐작할 수 있게 해주는 춤, 명무를 찾아가는 여행자의 진중한 모습은 춤의 역사다. 〈한국전통의 脈 예인전〉은 오늘에 되살린 춤의 여정을 내일이란 시간속에 담고자 한다.

그들이 보여준 춤에 대한 순순한 열정은 한국전통문화의 무궁무진한 보고다. 그 주인공은 다름아닌 춤추는 사람들이다. 춤역사의 시간을 함께 해온 예인들의 한국전통문화유산에 대한 올곧은 받듬과 이음의 정신을 담아 낸 이 책이 한국전통춤의 가치를 고양하고, 전승과 계승, 창조적 활용이란 시대적 소임을 다시 한 번 생각하는 시간이 되길 바란다.

예인의 숨결과 춤결이 머무는 이 곳에서....

송미숙 이주영

I.

한국 전통춤 맥(脈)의
인문학적 논점

이 글의 목적은 한국 전통춤 맥의 인문학적 논점을 다루는데 있다. 한국 전통춤의 맥 확장과 변주를 위한 고찰을 그 중심에 두고자 한다. 전통 傳統이란 고귀한 가치를 더하는 요체가 바로 '맥脈'이기 때문이다. 전통춤 판에서 춤 연행시, 맥을 잇고 확장하겠다는 결연한 의지를 손쉽게 발견할 수 있다. '춤길', '사제동행 師弟同行', '유파전 流派展' 등 다양한 키워드가 들어간 공연 타이틀을 마주하는 것은 전통춤의 맥이 지닌 역사적, 사회적, 문화적, 예술적, 교육적 가치가 수용됨을 방증한다.

전통이 고유의 힘과 역사를 관통하며, 힘을 발휘할 수 있는 기저에는 '전승 傳承'이라는 숭고한 정신과 실체가 작동됨은 두말할 나위가 없다. 여기서 곱씹어볼 만한 대목이 있다. 바로 '문화전통 文化傳統'이다.

이주영의 글에 따르면, 문화전통을 통해 전통문화를 성찰할 수 있다. 문화전통이란 '문화의 전통' Cultural tradition을 말한다. 이는 불후의 민족혼이다. 민족의 역사와 경험에서 형성되어 민족에 의해서 거듭 실천되는 가운데 성장하여 민족의 집단무의식으로 형성되는 것이다. 한 마디로 문화전통은 민족정신을 일컫는다. 한 민족의 문화전통은 결코 하루아침에 만들어지지 않는다. 또 하루아침에 사라지지도 않는다. 여기에는 타민족이 흉내 낼 수 없는 민족 고유의 특색과 정감이 살아 숨 쉬고 있다. 문화전통은 바로 민족 사유체계를 구성하는 가장 원초적인 요소다.

또 하나는 문화전통의 핵인 '문화원형 文化元型'이다. 이에 대한 개념은 여러 학자들에 의해 논의되었다. 대표적인 것으로는 다음을 들 수 있다.

김교빈에 따르면 문화원형이란 민족 또는 지역의 특징을 잘 담고 있어서 다른 지역, 다른 민족과 구별되는 본디 모습에 해당되는 문화를 뜻한다. 여기에는 보편성과 특수성이란 두 측면이 있다. 칼 융 Carl Gustav Jung에 의해 시작된 문화의 보편성은 인류가 지닌 집단무의식으로 존재한다. 다른 민족과 차별되는 주체성과 민족 구성원 사이의 공감대에 바탕을 둔 정체성이 근간을 이룬다.

배영동은 문화원형을 문화콘텐츠의 소재가 되는 한국적 정체성과 고유성을 갖는 한국의 전형적인 전통문화로 압축한다. 특히 한국의 문화원형이란 한국적 정체성을 확보한 전형성을 갖춘 형태다. 그는 문화콘텐츠산업에서 사용되는 문화원형이란 콘텐츠로 개발하는 대상이 되는 문화요, 콘텐츠의 소재가 되는 문화를 가리키고 있다.

이런 측면에서 필자는 문화원형 대신 '전통문화 자원'이라는 말이 더 적절하다고 본다. 요컨대, 전통과 전통문화를 언급할 때 문화전통과의 상관성, 연속성, 확장성을 고민해보는 것은 맥을 짚어 맥을 놓치지 않는 긴요한 사안이라 할 수 있다. 문화전통에서 중요한 민족의 정신과 실체라는 것을 전통춤과 연결시켜 본다면 춤의 정신, 춤추는 이의 자세와 춤의 실연實演이라는 가시적인 결과물, 레퍼토리이자 문화콘텐츠인 공연과도 자연스럽게 호응된다.

'문화재'가 '국가유산' 체제로 전환됐다. 제도적, 정책적 지원을 통해 문화유산의 가치가 증대되는 모멘텀이 되길 기대해본다.

문화재청은 '국민과 함께하는 문화유산, 모두가 행복한 대한민국'을 비전으로 '2023년도 주요업무 추진계획'을 마련했다. 현 정부 출범 이후 수립된 문화유산 분야 국정과제를 기반으로 4대 전략목표를 설정하고, 16개 추진과제를 세웠다. 4대 전략목표는 ①문화유산 보존·전승 강화로 미래가치 창출, ②문화유산 활용 가치 확대로 국민 삶의 질 향상, ③정책환경 변화에 부응하는 보존·활용정책 구현, ④문화유산으로 국가브랜드 가치 제고 등이다.

'국가유산' 체제 전환의 핵심은 가치있는 미래유산 발굴로 정책 체계를 확장하고, 지역·현장 중심의 관리체계를 강화해 문화유산을 온전히 보존하는 한편, 무형유산의 안정적 전승기반을 지속적으로 조성하는 데 있다. 새로운 국가유산 보호체제로의 전환을 위해 마련된 '국가유산기본법'에 따른 현장에서의 합리적 적용과 운용 또한 지켜볼 대목이다. 특히 '문화유산법', '자연유산법', '무형유산법' 중 전통춤과 연결되는 '무형유산법'에 이목이 집중된다. 2024년 5월부터 시행될 법이지만, '무형유산법'은 법령에서 명시하듯 여러 세대에 걸쳐 전승되어, 공동체·집단과 역사·환경의 상호작용으로 끊임없이 재창조된 무형의 문화적 유산이다. 이 글에서 주목하고 있는 맥의 확장과 변주를 확인할 수 있다. 전통춤이란 무형자산은 예술이란 거대한 대지 위에 피어난 미래다. 과거와 현재, 미래하는 삼원색이 맞물려 물들이는 경외의 대상이자 목적이다.

1. 한국 전통춤의 분류와 미학적 특징

1) 한국 전통춤의 분류

한국 전통춤 분류의 초석을 다진 정병호의 분류법에 따르면 다음과 같다. 분류의 준거는 기능적, 직능적, 사회적, 예술적 관점이다.

첫째, 기능상 분류는 춤추는 목적과 그 춤의 사회적 기능에 따라 궁중춤, 의례춤, 민속춤, 교방춤(공연춤, 예능춤) 등이다. 의례춤은 유교의례춤, 불교의례춤, 무속의례춤, 장례의례춤으로 나눈다. 민속춤은 대동춤과 개인춤으로 구분한 후, 다시 하위분류로 대동춤은 농악, 탈춤, 소리춤으로, 개인춤은 허튼춤과 모방춤으로 분류된다. 교방춤(예능춤)은 살풀이춤, 승무, 검무, 태평무, 한량춤, 남무 등과 같은 춤으로 분류했다.

둘째, 직능상 분류다. 전통적인 우리춤은 춤추는 사람들의 신분이나 직업(직업인과 반직업인)에 따라 춤의 성격이 달라진다는 점이다. 즉 종교인의 춤에는 무당들이 추는 무속춤과 승려들이 추는 불교춤, 무당들과 기타 천민들이 추어온 장례춤 등이 있다. 반농민, 반예술인들을 포함한 민중적인 춤으로는 농악, 탈춤, 소리춤과 같은 집단춤과 개인 장기춤 등이 있다. 또한 예술인들이 추는 춤은 전정殿庭 판에서 여령과 무동들이 추어온 정재춤과 일무 등이 있고, 마루판에서 창우, 기생들이 추어온 공연예술 성격을 띤 춤들이 있다. 예술인들의 춤은 예술적이고, 직업성과 전문성을 띠고 있는 것이 특징이다.

셋째, 사회과학적 분류다. 이 분류는 연행계층과 향유계층에 따른 분류로 확연히 구분된다. 즉 춤을 추는 연행계층은 하류계층이지만, 향유계층은 궁중계층, 서민계층, 양반계층으로 나뉜다. 향유계층만으로 국한해서 분류한다면 궁중계층의 춤(일무, 정재), 서민계층의 춤(민간춤, 축제춤, 광대춤), 양반계층의 춤(기방춤, 창우춤)이 되고, 연행집단으로 분류한다면 여령·무동의 교방청집단(일무, 정재), 농어민의 서민집단(민간춤, 축제춤), 기방·창우의 예인집단(기방춤, 재인춤)이 된다.

넷째, 예술학적 관점의 분류다. 종교적 예술춤으로는 무속춤, 불교춤, 유교춤으로 분류된다. 민속적 예술춤은 농악춤과 탈춤으로, 공연적 예술춤은 교방춤과 궁중춤으로 구분했다.

이 분류에 근간을 두되 보완한 이병옥은 전통춤을 다음과 같이 재분류한다. 향수자별, 연행자별, 춤판별 분류다. 춤을 보고 즐기는 향수자별로 분류하면 민중춤, 양반춤, 왕족춤으로 나뉜다. 연행자별로 분류하면 민간인춤, 예인춤, 종교인춤으로 구분된다. 춤판별로 분류하면 마당판춤, 방중판춤, 궁중판춤으로 나뉠 수 있다.

다시 정리하자면, 한국전통춤은 궁중춤과 민속춤으로 대별된다. 궁중춤은 향연춤과 제례춤으로, 민속춤은 의례춤과 민간춤, 예인춤으로 분류한다. 궁중춤 중 향연춤은 당악정재, 향악정재로, 제례춤은 종묘제례춤, 문묘제례춤으로 나뉜다. 민속춤 중 의례춤은 불교의례춤, 무속의례춤, 장례의례춤으로 분류된다. 민간춤은 탈춤, 농악춤, 소리춤, 허튼춤으로, 예인춤은 기방계춤, 재인계춤, 신당계춤으로 분류할 수 있다.

춤 공간을 기준으로 상정해 전통춤의 유형 분류를 시도한 강인숙의 분류는 시각의 전환이라는 측면에서 주목할 만하다. 내용은 다음과 같다. 공간과 움직임에 대한 라반 Rudolf von. Laban 의 분석에 기초하고, 동양적 의미의 공간성을 적용했다. 전통춤 공간은 자연성을 바탕으로 풍류성, 이념성, 자연성을 지니고 있다고 봤다. 실내공간, 실외공간, 실내와 실내의 사이공간으로 구분해 분류한다. 춤의 특징을 규정하는 데 중요한 역할을 하는 공간에 주목한 점은 의의가 있다. 춤 공간의 변화는 연행 주체, 공연 내용, 향유 주체 등과 상호성이 크며, 춤의 성격을 결정짓는 요인으로 작용하기 때문이다.

2) 한국 전통춤의 미학적 특징

서양무용에 비해 한국무용, 특히 한국 전통춤이 지닌 미학성을 추출하기 이전에 이것이 태동될 수 있는 철학적 배경이 존재한다.

송미숙의 글에서는 그 배경을 다음과 같이 언급하고 있다. 첫째, 서양 사람들은 인간과 자연의 분리주의에 근거해 분석적이고 이론적인 시각으로 무용의 본질을 파악한다. 반면 한국은 무용의 본질을 분리된 인간과 자연을 다시 결합시키는 총체적이고 합일적 현상으로 바라보고 있다. 둘째, 서양 사람들은 진취적이고 공격적인 민족성을 가지고 있기 때문에 용감하고 힘이 있는 춤이 많지만 한국인의 경우 선천적으로 평화적인 민족성을 가지고 있기 때문에 방어적이라 할 수 있다. 셋째, 서양은 사교춤이라고 해서 두 사람이 손을 잡고 추는 발춤과 여러 사람이 손을 잡고 추는 발춤이 발달하게 되었다. 한국은 반대로 유교의식에 따른 춤과의 상관성으로 주로 손과 상체 표현을 위주로 하는 춤이다. 넷째, 서양은 춤의 형태가 확실하게 보이는 것만을 미뤄 봄으로써 외면성을 강조한다.

무용의 형태를 물리적으로 해석함으로써 시각적으로 크게 움직이는 것은 동적인 춤으로 보고, 움직임이 적으면 정적인 춤으로 판단하거나 정지

동작으로 본다. 반면 한국춤은 정신문화를 앞세우고 있기 때문에 내면적인 정신이나 심성을 표현하는데 중점을 준다. 정신미를 통한 예술미의 고양이다. 이러한 철학적 배경은 신체, 움직임, 동작 등과 연동돼 한국 전통춤의 미학성을 부여하는 요인으로 작용된다.

한국전통춤의 미학적 특징은 다양하다. 주요 특징 정리를 통해 논의를 이어가고자 한다. 첫째, 한국적 자연주의에 기반한 자연스러움이다. 무위無爲적인 자연합일自然合一이 근간을 이룬다. '추는데 추어진다'는 말로 연결된다. 둘째, 정중동靜中動의 미학이다. 정과 동의 절묘한 교차와 경계의 넘나듦은 우리춤의 신비로움을 고양한다. 반전의 묘미도 불러일으킨다. 정중동의 춤을 동작적인 구조로 분석하면, 정靜은 감정을 맺고, 중中은 감정을 어르며, 동動은 감정을 푼다. 정반합을 이루게 하는 것이자 미적 쾌감까지 부여한다. 셋째, 절제미의 구현이다. 움직임과 멈춤의 공존에서 파생되는 억제를 통한 카타르시스는 절제의 미덕을 여지없이 구사한다. 여백을 그려내는 힘이다. 넷째, 비움의 미학이다. 보이지 않음을 보이게하고, 보이는 것을 보이지 않게 하는 또 다른 채움이다. 다섯 째, 풍류와 신명이다. 심신수련하는 화랑도에서도 알 수 있듯 호연지기의 기상, 자연대로 노닐어 마치 우주와 화해하는 듯한 풍류도 빼놓을 수 없다. 깊은 엉어리의 한적 승화를 이루어내는 신명, 신명 그 자체가 신명이 되는 자유분방함과 역동성은 신명을 고조시킨다. 여섯 째, 초월적 신명이라 할 수 있는 살풀이다. 신과 인간, 성과 속이 합일을 이루어 내는 제의적 면모까지 담고 있다. 씻김, 치유는 고귀한 환희다. 마지막으로 해학과 비장미다. 골계미라 할 수 있는 해학이 있음과 동시에 비극적인 아름다움이 주는 극적 아름다움인 비장미가 존재한다.

2. 한국 전통춤 맥의 확장과 변주 고찰

1) 한국 전통춤 맥의 확장

맥의 확장을 어디서 찾을 수 있을까. 맥의 근간을 이루는 곳에서 출발해 가장자리로 이어지고, 춤의 동심원을 많이, 지속적으로 그려내야 한다. 전승의 당대적 가치 고양이 관건이다. 가장 순순하되 진중하게 전통춤이 지닌 이상미, 숭고미, 우아미가 점철될 때 실현 가능하다. 원형과 전형, 전형과 변형 등 우리춤에서 논의되는 여러 지점 중 전형이 지닌 모와 격을 올곧이 지켜나가는 것이 관건이다. 문화유산, 국가유산의 가치를 드높이는 노력도 중요하다.

일차적으로는 '지킴'이라는 내재성과 고유성에 '이음'이라는 잇댐의 결기와 혼이 더해져야 한다. 여기에는 전승자의 노력뿐 아니라 이를 둘러싼 제반 사회, 문화적 환경이 중요하다. 예술교육적 측면에서도 중요한 지점 중 하나다. 부단한 이습肄習이 있을 때 맥의 물결은 유유히 춤의 바다로 향할 것이다.

또 하나는 전통춤에는 철학과 공연예술학을 관통하는 인문학적 요소다. 발견과 진단을 통해 수면 위로 이끌어 내는 정신과 실체의 이중주가 곳곳에서 울려퍼질 때 맥의 확장은 빨라진다. 넓고 깊은 길을 내도록 주체와 객체 모두가 힘을 모아야 할 때다.

2) 한국 전통춤 맥의 변주

이 글에서 말하는 변주變奏는 전통춤 측면에서 볼 때 '전통기반 창작'을 뜻한다. 무대를 통해 구현되는 춤의 특성상 무대 환경에 따른 창의적 적용을 통해 공연예술의 가치를 담아낸다. 무엇보다 역사의 숨결이자 춤결인 전통춤이 지닌 고유성을 견지하되 창작이란 절차적 과정을 통해 예술성을 제고하는데 초점을 맞춰야 한다.

시대와 호흡하는 것이 중요하다. 통상 '당대성當代性'이라 불리는 이것은 박제된 춤으로 나타나는 것이 아니라 시대, 관객과 호응하는 교감도 높은 감동의 선물을 줄 수 있는 상태까지 이를 때 가능하다. 그 선물을 만드는 노력, 준비하는 노력, 서비스하는 노력 등 생산-소비-유통이라는 문화의 가치사슬구조까지 반영한 실체적 노력이 수반될 때 전통춤 맥의 변주는 흔들림없으리라 본다.

융합 시대다. '컨버전스 convergence', '퓨전 fusion'등 다양하게 불린다. 물리적 결합이 아니라 화학적 결합을 이루어 내도록 연구와 실연의 맺고 풀림의 콘텐츠 개발이 중요하다. 예술과 기술의 결합을 대표되는 AI시대에 발맞추어 춤과 테크놀로지의 적극적인 노력은 이제 필요충분조건이 됐다.

3. 맺음말

민족혼과 문화원형이란 두 키워드를 지닌 문화전통을 화두로 논의를 이어왔다. 한국 전통춤의 유형 분류와 미학적 특징 조망을 통해 전통, 전통춤, 전통예술이 지닌 가치를 확인했다.

과거를 담아 현재를 딛고, 미래를 여는 내일의 춤인 전통춤. 한국적 요소가 지닌 춤적 질감과 미적 요소는 세계를 향한 발걸음을 가볍게 하는 문화자산이다. 구심력과 원심력이 공존할 때 균형이 이루어진다. 전통춤의 맥은 저울추와 같이 확장과 변주라는 이중창이 조화롭게 될 때 빛을 발할 수 있다.

고답적인 맥의 흐름이 아니라 전통傳統이 적통嫡統이란 문으로 들어가 정통正統으로 춤의 본질을 관통할 때 춤의 나래는 영원하리라 본다. 오늘 그 춤을 다시 만나고 싶다.

II.

춤추는 예인들

엄옥자

18 한국전통의 맥 藝人展

유구한 역사의 숨결이 숨 쉬고, 민속예술이 온전히 전승되고 있는 아름다운 고장 통영에서 출생하여 성장하였다. 통영에서 가장 큰 한약방을 경영하시는 선친과 모친사이에서 1남 5녀 중 차녀다. 부친은 당대의 풍류객으로 국가대표를 할 만큼 활도 잘 쏘았다. 흥이 나면 곧잘 춤을 추곤 하였다. 이런 부친의 예술적 기질이 높이 평가되어 1970년대 초반 통영무형문화재보존협회 이사장으로 추대되어 승전무 보존에 힘썼다. 모친 역시 한국춤을 배운 멋쟁이였다. 양친의 소질과 기호를 받은 엄옥자도 지금까지 춤을 추고 있다.

유년시절부터 통영의 유일한 유아교육기관인 문화유치원에서 율동을 배운 것이 무용가로 성장하는데 도움이 되었다. 일곱 살 때 통영굿거리(진춤)과 칼춤을 배웠다. 초등 시절엔 동네 아이들을 모아놓고 춤을 가르치기도 한다. 중학교 시절 학교 행사 때 한국춤을 발표한 것이 본격적인 춤공부의 시작이 되었다. 고등학교에 진학하고 난 후에는 춤활동의 범위를 더욱 넓힌다. 대학 진로도 무용과로 결정하게 된다. 경희대학교 체육학과 무용전공으로 입학해 김백봉 선생으로부터 춤을 배운다. 40여년 동안 선생을 모시며, '김백봉 춤 보존회' 회장으로 활동하였다. 김천흥 선생으로부터 기본과 춘앵전을 비롯한 정재 등을 사사했다. 육완순 선생에게도 춤을 사사해 창작활동의 기반을 마련했다. 대학교 3학년 때 육완순 선생이 오케시스 현대무용단을 조직하게 되었다. 단원으로서 마사그라함 테크닉을 배웠으며, 이후 호세리몽이 한국을 내한했을 때 호세리몽의 테크닉을 전수받는 등 전통무용부터 현대무용에 이르기까지 무용 전반에 관한 노하우를 익히게 된다.

대학 졸업 후, 통영여고에서 학생들을 가르쳤다. 당시 교감은 승전무 때문에 무용교사로 추천되어 승전무에 관한 연구를 권했다. 이것이 계기가 되어 본격적으로 승전무를 발굴해 1968년 중요무형문화재 제21호로 지정받게 되었다. 당시 20대였던 엄옥자는 문화재법에 따라 나이가 너무 어려 기능보유자 자격을 해지 당했다가 1996년 예능보유자로 재인정 받는다. 이후 부산으로 삶의 터전을 옮긴다. 계성여중, 한성여대, 부산여대, 경성대 등에서 학생들을 지도하며,

즉흥무, 연화무, 검무, 부채춤, 장고춤 등 10여 개가 넘는 작품으로 전국규모의 상을 휩쓴다. 마침내 부산대학교 사범대학 체육교육과 한국무용 교수로 부임하게 된다.

1985년에는 부산대학교 사범대학 체육교육과 출신인 중·고등학교 무용교사로 구성된 연무회를 창단해 부산의 춤문화 발전을 위하여 주력한다. 1990년도부터는 엄옥자 한국민속무용단을 창단해 일본, 미국, 인도네시아, 홍콩, 러시아, 캐나다, 프랑스, 이탈리아, 스페인, 중국, 폴란드, 우크라이나, 헝가리, 체코, 포르투갈, 벨기에, 브라질, 그리스, 터기, 스위스 등 전 세계에 우리의 춤문화를 보급하는 문화사절단으로서 문화외교에 앞장섰다.

춤세계와 학문을 연구하기 위하여 '원향춤 연구회'를 결성한다. 원향춤을 사랑하는 이들이 모여 현재까지 다양한 춤활동을 펼치고 있다. 1998년부터 현재까지 총 47회의 원향춤 수련회를 개최해 오고 있다. 부산대학교 평생교육원 주임교수로 일반인들에게 우리춤의 아름다움과 우수성을 일깨워주고, 한국춤의 대중화와 저변 확대를 위해 앞장서고 있다. 특히 학점은행제 승전무반을 개설하여 승전무의 예술성과 우수성을 일반인들에게 보급하고 전승시키는데 주력한다.

우리춤을 발굴, 전승하기 위하여 1997년부터 경상남도 문화재 전문위원을 거쳐 장기간 부산광역시 문화재위원, 경상남도 문화재 위원으로서 활동했다. 2005년 부산시 문화상, 2003년 PSB 문화대상을 수상했다. 제8회 아·태 장애인 경기대회 개폐회식 총괄안무를 맡아 대통령 표창장을 받았다. 2005년 미국 LA 시장 감사장을 받았으며, LA타임즈에서 '한국의 혼을 담은 명무'라는 찬사를 받는다. 중국 호핫우트 국제민속무용 페스티벌 우수연출상, 특별상, 개인연기상과 폴란드 축제위원회 감사장을 비롯해 국내외적으로 40여 회의 표창과 공로패를 수상한 바 있다.

평생을 우리춤과 함께 해 온 엄옥자는 현재까지 50여 회의 한국의 명인 명무전 공연과 이순耳順기념 공연 〈칼의 노래를 넘어서〉를 비롯해 800여 회의 국내공연, 50여 회의 국외공연을 통해 세계적인 춤꾼으로 명성을 이어가고 있다. 우리 춤을 학문적으로 발전시키고 후학들에게 보급하기 위하여 학술진흥재단의 2002년도 기초학문육성 인문사회분야 지원사업 '아시아지역 무속의례에서 연희된 춤 조사연구'의 공동연구원으로 활동하였다. 2004년에는 문화재연구소의 '승전무' 영상기록, 도서 발간 자문위원으로 활동하며, 승전무 영상기록과 책을 발간한다. 2007년에는 한일 국제학술 심포지움을 통해 승전무의 형태와 빛깔을 소개하는 세미나를 가진다. 2008년도 정년퇴임에 즈음해 승전무의 실상을 밝히고, 전승 양상 점검 및 역사적 흐름과 춤동작의 정확성을 바르게 인식시킬 목적으로 승전무를 집대성한 「승전무의 실상」이라는 저서를 출판하게 된다. 현재까지 집필한 논문 및 저서는 40여 권에 이른다. 50여 회의 학술발표회와 수영농청놀이, 가야용신제 예능보유자 선정과 진주교방굿거리 평가 심의 및 부산무용제 심사, 경상남도 문화상 심사, 동아국악콩쿨 심사 및 부산광역시 문예진흥기금사업 무용부문 심사, 영산제 심사 등 160여 회의 문화재 및 무용심사 경력을 가지고 있다.

국립부산국악원 초대 예술감독으로 새로운 첫발을 내딛는다. 2009년에 '영남춤에 돛을 달고'라는 제1회 정기공연을 올린다. 동래한량춤 문장원 명인, 김진홍 명인, 밀양백중놀이 하용부 명인을 초청해 작품 지도 및 안무를 통해 전통과 민속의 새로운 만남을 시도하였다. 국가무형문화재 승전무를 갈고 닦아 영남지역 문화재를 활성화시키고, 국제적인 브랜드로 키우고자 했다.

어머니를 조른 끝에 7살 때부터 퇴기 이국희 선생으로부터 통영굿거리춤과 칼춤을 배우기 시작했다. 운명처럼 정순남 선생을 만나 통영의 수건춤(살풀이춤), 승전무를 배우고, 우여곡절 끝에 인간문화재라는 명예도 가지게 되었다. 대학 교수로 자유롭게 지내던 학문과 예술의 세계와 달리 촘촘하게 짜여진 국악원에서의 4년은 만만치 않은 도전이었다. 엄옥자는 지금까지 승전무의 원형을 고찰한 것을 바탕으로 현대적 시각을 접목해 명품을 만들고자 꿈꾼다. 이순신 장군의 삶과 애국심이 투영된 명품 승전무다. 하지만 이 책무를 뛰어난 후배 춤꾼들에게 넘기고자 한다.

엄옥자의 춤에 대해 스승 김백봉은 "헌칠한 학의 날개이기도 하고, 때로는 여의주를 물고 하늘로 나는 용의 자태이기도 하며, 비파를 뜯으며 구원의 세계를 향해 날아가는 비천녀의 신비로운 몸짓이기도 하다"고 평가한 바 있다. 문학평론가 김정자는 그의 춤사위에 대해 "그가 무대 위에서 춤을 출 때는 푸른 창공을 향하여 활개를 치며 날아오르는 한 마리 수려한 봉황새를 만난다. 울긋불긋한 채색 구름을 가볍게 차내며 삽상한 바람 사이로 치솟는 그의 춤사위는 가히 신기神氣에 가까운 비범함이 있다"고 평가한다. 가히 엄옥자의 춤은 한국을 대표하는 예인의 몸짓이라 하지 않을 수 없다.

통영이 낳은 당대 최고의 무용가로 승전무를 발굴, 계승, 보급시키는데 주력해 온 원향 엄옥자는 승전무, 엄옥자류 긴살풀이춤, 엄옥자류 진춤(원향지무), 통영기방입춤, 엄옥자류 외손부채춤(화조풍월), 엄옥자류 산조춤, 유희삼매무, 엄옥자류 수건춤 등의 수많은 레퍼토리를 개발했다. 후학 양성을 통해 춤의 맥을 잇고 있는 명무다.

Ⅱ. 춤추는 예인들

유영희

산청에서 태어나고 자란 아버지는 함양으로 분가한다. 1947년 겨울에 첫 딸을 얻고, "내가 무엇을 해야 자식들에게 도움이 될까"를 고민하다가 서점과 문방구(보문당서점)를 동시에 시작하였다. 유영희는 어릴적부터 동생들 앞에서나 부모님 앞에서 노래하고 춤추며 노는 것을 좋아하였다. 중학교 때 오락시간은 그의 독무대일 정도로 노는 것을 좋아하였기에 공부에는 별 관심이 없었다. 중학교 3학년이 되니 아버지는 진주로 이사한다며, 큰 딸은 중3이니 고등학교는 서울로 진학하고, 동생들 다섯 명은 진주로 전학시킨다고 하였다. 아버지는 사업을 더 확장해 진주에 대양서적 간판을 걸고 서부경남 책 도매를 하였다. 국어, 영어, 사전 등을 공급하는 동아출판사, 수학의 정석을 펴내는 성지사 등 학습교재를 출판하는 출판사와 단행본, 전집 등을 공급하는 약 30여개 이상의 출판사와 직거래를 하였다. 함양에서도 교과서를 취급하셨지만 진주에서도 서부경남에 있는 초·중고등학교에 교과서를 공급하셨다. 또 시내에 갑을목욕탕까지 크게 운영하였다. 직원이 18명 정도 있었지만 집안사람이라고는 아무도 없었다. 4촌, 6촌까지도 다들 서울에 있었기 때문이다.

유영희는 고등학교를 졸업하고, 서라벌예대에 입학해 김백봉, 한영숙, 은방초 선생들을 사사한다. 동생들이 하나 둘씩 공부하러 서울에 오는 바람에 동생들을 핑계로 서울에 있었다. 동생들을 위해서 맏이가 결혼해야 된다는 부모님 성화에 못이겨 결혼을 한다. 첫 딸 출산, 둘째 아들 출산 및 육아를 하면서 약간의 우울증이 시작되어 7년 여를 고생하게 된다. 남편이 보다 못해 당신은 춤으로 우울증을 해소해야 된다며 춤추기를 권했다. 간간히 아이들을 친정에 맡기고, 서울, 부산으로 다니며 친구들과 연습도 하고, 큰 선생들의 연수가 있으면 여기저기 다녔다. 어느날 유치원 학부형으로 만난 친구와 식당에 갔다가 그 친구의 소개로 정금순 선생이라는 분을 만나게 된다. 무용하는 친구라고 하니까 당장 따라오라고 하면서 지금 국악학교 10기생(1995년)을 모집중이니 입단하라고 하면서 "당신 같은 무용전공자는 입단해 2달만 지나면 춤선생을 할 수 있다"고 했다. 매년 3월이면 완전 초보 아주머니 등을 대상으로 신입생을 모집해 기초 수

준의 장고, 가야금, 노래, 춤 등을 시간표대로 수업받게 한 후, 10월 초 쯤에 수료시키고 수료증을 수여하는 과정이었다. "전공자들과 상대한 내가 왜 국악학교를 가야되지?" 하며 돌아섰다. 몇 년이 지나 우연하게도 운창 선생과 찻집에서 만나게 되었다. 그때 정금순 선생도 함께 있어 보자고 하였다. 운창 선생 말씀이 "자네 이야기를 들었는데 우리 단체에 들어와서 공부도 하고, 봉사도 하며 고향에서 뜻있는 일을 하면 좋겠다" 하였다. 선생의 예술을 사랑하는 마음과 기품이 넘치는 모습에 빠져 저절로 "그러겠습니다"라고 했더니 그러면 지금부터 구두로 입문하게 된 것이라며 흡족해 하였다. 그때가 1998년이다.

주변 정리를 하고, 1999년부터 적극적으로 단체에 참여해 모든 것을 새로이 공부하기 시작한다. 진주검무, 진주포구락무, 진주한량무, 일무 등의 순서는 마쳤지만 선배들은 진주검무의 경우 운창 선생이 설명하신거와는 좀 다르게 춤을 추면서 선배들 중 그 누구도 진주검무에 대한 설명과 호흡을 제대로 해주는 분이 없이 순서만 일러줄 뿐이었다. 궁금함을 풀기위해 운창 선생 댁을 방문하여 1년 동안 설명듣고 질문하고, 동작마다 실행하며 "그것이 맞다", "안 맞다"를 지적받고 반복하니 공부한 결과, 시남의 춤사위가 정립되었다. 그렇게 정립된 춤사위를 후학들에게 전승할 수 있게 된 것이다. 선생께 배운대로 "이 춤사위는 이렇게 해야 한다"하면 선배들은 하나같이 "아줌마들이 이 정도면 됐지"라고 할 때 나는 할 말을 잃었다. 그럼에도 선배들과 다투지 않고 더 잘 하기 위해 자세를 낮추고 노력하여 2003년에 이수자가 되었다. 선배들은 이수자가 된지 오래 되었다면서 후배들에게 군림하려고만 했지 후학들에게 전승을 해야겠다는 생각은 아무도 하지 않았다. 2004년부터 조심스럽게 초등학교 학생들을 대상으로 전승을 목표로 각 학교장을 찾아 다녔다. 5개 학교를 다녔지만 다 춤은 안 하겠다고 하였다. 그 후 교육청을 설득하기 위하여 장학사를 만났지만 학교 수업은 교장이 결정한다고 난색을 표한다. 성과가 없는 와중에도 열심히 이 학교, 저 학교를 방문하여 설득하다가 다행히 2005년도에 봉곡초등학교 교장을 만났다. 한번 시행해보자는 말에 2년을 열심히 가르쳤다. 2006년 유등축제 수상무대에서 15명의 어린이들이 4분 30초 진주검무를 공연 할 수 있었다. 결과는 기대 이상이었다. 시민들의 대단한 환호를 받은 아이들과 학부모들은 기쁨을 주체하지 못하였다. 성공적인 공연을 계기로 그 후 시내 초등학교 5개교, 중학교 3개교에서 수업을 진행 할 수 있었다. 오로지 우리 전통문화를 전수하겠다는 일념 하나로 아무 보상도 없이 열심히 하였다. 김영숙, 김소형, 조선희를 비롯한 이수자, 전수자들의 도움과 노력으로 가르치는 학교는 늘어서 14학교가 되었다. 이제는 이러한 노력의 결과로 시 예산으로 1개 학교에서 이동경비나 식대 정도의 수당이지만 지원을 받으며 진행하고 있다. 지금까지의 노력이 어느 정도 인정받기 시작하는 것 같아 보람을 느끼고 있다.

제91회 전국체전 때 퓨전검무를 안무하여 폐회식에서 50명이 공연하였다. 퓨전검무를 안무하고 연습할 때 참여하지 않는 선배들은 모두 다 나를 미쳤다고 했지만 나는 용기내어 당당히 해냈다. 그 공으로 도지사로부터 감사패까지 받았다. 전통을 지키면서 장소에 따라 춤사위는 그대로 하면서 현대인들이 좋아하는 음악을 사용함으로써 젊은 세대들이 관심을 갖게해 거부반응을 축소시키자는 뜻이었다.

2018년, 2019년 5월에 논개제 때 헌무로 104명을 기획 연출하여 진주성 잔디밭을 진주검무로 수놓았다. 한자리에서 연습할 수 없었기에 악사들 뿐만 아니라 선배들도 믿지 않고 있다가 당일 의상을 다 갖춘 무용수들이 나오니까 그제서야 "악!"하고 놀라 눈물을 흘렸다고 한다. 2019년 1월 24일, 진주시립관현악단, 부산대 악사 및 54명의 악사들과 춘무음악을 연주하여 콜라보로 진주검무 12분 30초를 무대에 올리면서 동자가면무 2명(남성무용수), 진주검무 8명, 기수 8명, 무검편증 시낭송 1명, 우병마절도사 1명, 다산 정약용이 나와 무검편증 시를 쓰고, 화려하고 무게있는 연출을 하였다. 진주문화예술회관 1, 2층(약 1,500석)을 가득 메웠다. 공연이 끝난 후, 연주해준 악사, 지휘자, 관중들은 진주검무가 이렇게 안무해서 나올 줄은 몰랐다며, 감동어린 칭찬을 한참동안 들었다.

여러 일들을 하면서도 단체의 미래를 걱정하다 보니 "아! 우리 교방문화를 한 눈에 볼 수 있도록 의상이라도 진열하는 것이 좋겠다" 싶어 단체 출연료를 조금씩 모아 2012년부터 옷장 6개를 시작으로 2013년 6개, 2014년 사물함 8개,

2015년 사물함 6개, 2016년에 사물함 3개를 준비하였다. 여기에 진주검무, 포구락무, 고무, 향발, 배따라기, 검무악사, 포구락무 악사, 헌관, 제관, 가곡, 일무, 기수 의상들을 진열시켜 놓았다.

2014년 5월부터는 운창 성계옥 선생을 기리는 마음을 담아 '고선제'를 지내고 있다. 이 또한 현 선생들의 반대가 있었지만 3년간 설득하여 아무 문제없이 시행하고 있다. 6월 그믐에 의기 논개 제사를 진주시 부녀회에서 지내는 것을 2014년 진주시 부녀회장과의 치열한 담판 끝에 결국 진주민속예술보존회가 의기사에서 봉양을 하게 됐다. 이는 성계옥 선생도 손을 댈 수 없어 포기하였던 일이다. 진주검무 예능보유자 예당 유영희의 이런 신념과 열정이 있었기에 진주검무는 물론 교방문화까지 크게 발돋움 하리라 본다.

김태연

Ⅱ. 춤추는 예인들

김태연 진주검무 예능보유자는 경남 고성에서 2남 5녀 중 둘째인 차녀로 태어났다. 아버지는 생필품을 파는 사업을 했다. 중학교 시절의 꿈은 영화배우나 교사였다. 그 꿈은 펼칠 수가 없었다. 부모님이 "한번에 둘이는 못 보내니 여자애들은 중학교만 나오면 된다"는 말에 두 살 차이 나는 동생에게 학교를 양보해야만 했다. 그렇게 꿈을 펼치지도 못한 채 우울한 나날들을 보내고 있을 때 아버지의 권유로 진해에서 미용 기술을 배웠다. 미용학원 6개월 과정을 밟고 자격증을 땄다. 고성에 있는 집에 미용실을 차려 얼마간 운영했다. 덕분에 우리 보존회 회원들 공연 있으면 머리를 도맡아 했다. 항상 공연 두 세 시간 전에 나와 회원들 머리와 화장을 해주고 나면 정작 내 머리할 여유가 없었다. 성계옥 선생이 어디 갈 때도 따라가서 머리를 해드렸다.

미용실을 운영하다가 21살에 결혼을 했다. 신혼 살림은 진주에서 시작해 첫째는 23살, 둘째는 26살, 막내는 29살에 낳았다. 마음속에는 '내가 원하는 삶은 이게 아닌데' 싶었다. 막내를 낳고 우울증으로 방바닥에 죽는다는 낙서를 많이 한 기억이 있다. 남편이 피아노 학원과 기타 배우는 곳으로 이끌고 갔지만 모두 마음에 닿지 않았다. 그러던 어느 날 김수악 선생한테 가게 되었다. 그 당시에는 김수악 선생이 누군지 몰랐는데, 남편은 국악계에 유명한 분이라는 걸 이미 알고 있었다. 김수악 선생 집에서 장구를 보니 어릴 적 할아버지 사랑방에서 보던 장구가 생각났다. '아, 내가 장구 저걸 한번 해보면 좋겠다' 딱 그 생각이 들었다. 그날 그 자리에서 당장 장구를 사서 한 2년 동안 김수악 선생한테 배우러 다녔다. 가야금을 모두 악보없이 구음으로 가르쳤다.

반상회 날, 이웃 사람들이 신안동에 개설된 국악학교(정식 명칭은 진주시립국악학교)에 입학식이 있으니 가보라고 권유했다. 당시 나이가 39살이었다. 입학을 허락받았다. 국악학교 1기생 입학 후, 장구만 하려고 했다가 다니나 보니 욕심이 나서 춤도 배우게 되었다.

1989년 가을, 성계옥 선생이 국악학교 1기생들로 진주시립국악단을 설립했다. 재주가 있어 시립국악단원이 되어 무대에서 춤도 추고, 가야금도 연주했다.

국악학교는 매년 입학과 졸업을 반복할 수 있었다. 성계옥, 정필순 선생 등 여러 선생한테 진주검무, 포구락무 등을 사사했다. 입문 3년 만인 1989년에 진주검무 이수증을 땄다. 3년 만에 이수증을 딴 유일한 사람이 됐다. 그 뒤 2006년 전승교육사가 될 때까지 20년이라는 시간이 흐른다.

1991년 보존회에 안좋은 일이 있어 강사들이 나간 공백을 메우기 위해 1998년까지 강사로 활동했다. 국악학교 신입생들에게 가야금과 일무 춤을 가르쳤다. 국악학교를 통해 진주검무, 포구락무, 의암별제 등이 전승되고 복원되고, 많은 예술인들이 배출되었다. 진주검무는 정필순 보유자한테 배웠다. 정필순 선생이 돌아가고, 그 뒤 정금순 선생이 보유자가 되어 성계옥 선생과 함께 2대 예능보유자가 되었다.

1992년도에 친정아버지가 돌아가셨다. 의암별제 복원을 위한 첫 봉행연습이 한창이었다. 그때 '아버지, 아버지한테 미안하지만 춤추러 가겠습니다' 하고 삼우를 지낸 바로 다음 날 연습하러 갔다. 정금순 선생이 "김태연 선생 본받아라, 너희가 예술인이 되려면 그리해야 한다." 그런 말씀을 했다.

성계옥 선생은 의암별제를 복원하기 위해 고려대 대학원 한문학과에 입학하였다. 결국 의암별제를 복원해 1992년에 첫 발표를 했다. 그때부터 해마다 보존회에서 의암별제를 해오고 있다.

방통고등학교를 졸업하고, 10년 세월이 흐른다. 이후 경상대학교 민속무용학과에 입학한다. 늦은 나이에 입학해 실기와 이론을 병행하다 보니 막상 몸이 말을 들어 주지 않아 좌절감이 들 때가 많았다. 임수정 지도교수는 "큰 나무가 바람을 많이 탄다. 큰 나무가 되려면 참아야 한다. 많은 바람을 맞아야 한다"며 저에게 용기를 심어 주었다. 대학 졸업 후, 경상남도 예술강사로 2004년, 2005년 2년을 활동했다. 하동, 함양 안의고, 진주 대동공고를 나갔다. 보존회 일에도 전념했다.

진주검무 칼은 옛날 강귀례, 김자진 선생이 계실 때는 목이 꺾인 칼을 사용했다. 1978년 성계옥 선생이 보유자가 된 후, 원형을 복원해 문화재청으로부터 인정받아 오늘날의 직선칼이 된 것이다. 진주검무는 멋을 내지 말라한다. 근엄하고 웅장하면서도 우아하게 춰야 한다. 얼굴은 부처님 상처럼 아주 편안하고 웃는 것 같으면서도 안 웃는 그런 인상이어야 한다. 진주검무는 절제된 미 표출이 중요하다. 옛날 기생조합에서 춤 가르칠 때는 진주검무를 기본무로 하여 검무가 되어야 다른 춤을 배울 수 있다고 했다.

김태연은 포구락무 이수자, 한량무 승려 역할로 전승교육사이기도 하다. 진주검무 이수자는 80여명 되고, 전국적으로 약 100명 가까이 된다. 진주검무 지부가 일본 오사카에도 있고, 부산, 서울, 진주, 창원에도 있다. 셋째 주나 넷째 주 일요일에 가서 가르친다. 진주검무 원형은 30분정도 걸린다. 공연 때는 16분짜리도 한다. 요새는 16분짜리도 길다 해서 10분짜리도 하고, 7분짜리도 한다.

2014년도 진주검무보존회 회장 재직 시, 진주검무를 유네스코 세계문화유산으로 등재시키기 위해 학술세미나도 개최하고, 여러 행사도 많이 한다. 2019년 진주가 공예-민속예술 분야 유네스코 창의도시로 선정되었다. 창의도시로 지정받기 위해 보존회에서는 논개제 때 100여 명의 회원을 세워 진주검무 공연을 했다. 큰 이슈가 됐다.

성계옥 선생이 2009년 1월에 작고하자 당시 보존회는 어수선했다. 그때 회장을 맡을 때다. 문화재청에서도 보유자 인정을 빨리 했다. 2018년에 허리 수술을 하고, 2020년까지 2년 동안 고관절 수술, 2번의 허리 재수술을 받았다. 지금은 완전히 회복되었지만 수술 전에는 못 일어설까봐 좌절도 많이 했다. 그만큼 검무는 삶의 일부이고, 생명과도 같다.

이성자

함경북도 무형문화재 제3호 함북선녀춤 예능보유자 이성자(1942~현재)는 평안남도 성천에서 출생하였다. 서울에서 초등학교 시절부터 가야금을 배우기 시작하였다. 어렸을 때 아무런 어려움없이 악기와 소리, 춤을 배울 수 있는 기회를 갖을 수 있었던 것은 다행스러운 일이었다. 1956년부터 한영숙 선생에게는 무용을 배웠고, 김옥진 선생과 김윤덕 선생에게는 기악, 박초월 선생에게는 창을 배웠다. 1967년에 '장홍심 무용연구소'에 들어가면서 장홍심(1914~1994) 선생과 제대로 된 인연이 된다. 그 당시 예인들은 '악기, 노래, 춤 다 배우고 다 할 줄 알아야 제대로 된 예술을 할 수 있다'라는 환경이었다.

이성자의 전통춤의 근원은 스승 장홍심동양무용연구소장, 장홍심고전무용교습소장)이다. 장홍심은 1914년 함흥시 성천동에서 출생했다. 본명은 월순, 홍심紅心은 예명이다. 1925년 12세 때 함흥권번에서 정남희(1905~1984)에게 가야금산조와 병창을 익혔고, 춤은 배씨 할머니에게 배웠다고 한다. 1934년 서울의 한성준 선생을 만나 제자가 되었고, 1937년 12월 한성준 선생이 창립한 '조선음악무용연구회' 발기인으로 30여 명의 회원들과 전국 순회공연을 다닌다. 「검무」, 「살풀이춤」, 「태평무」를 주로 공연하였다. 1967년 초에 서울로 올라와 박초월국악연구소에서 춤강사로 활동할 당시 제자의 인연이 되어 '장홍심고전무용교습소'에서 수학하였다. 대표 제자로는 이성자, 여연화이며, 김은미, 김희연, 김지선은 중곡동에서 학습한 제자다. 주요 작품인 「검무」, 「바라승무」, 「한량무」, 「수건춤」, 「살풀이춤」, 「포구락」, 「항장무」, 「태평무」, 「화관무」 등을 춤추고, 지도하였다.

돈암동 예술학교 시절, 이성자의 스승은 다양하다. 김옥진 선생은 다 잘했다. 가야금 선생으로 레코드를 최초로 취입했다. 아주 대단하신 분인데 일찍 돌아가셔서 기록이 없다. 배우지 못한 아쉬움이 크다. 학교에는 한영숙 선생도 계셨고, 박초월 선생도 계셔서 야무지게 배웠다. 학교 졸업 후에는 김윤덕 선생님을 만난다. 황병기 선생이랑 인연이 돼 김윤덕 선생한테 산조를 배웠다.

스승인 장홍심 선생님이 돌아가신 후, 2000년 1월에 故 명무 장홍심류 춤보존회를 설립하여 지금까지 함북선녀춤, 함흥검무, 바라승무 등 장홍심의 기반이 되는 전통춤을 이어가고 있다. 현재 장흥심류 바라승무는 이성자에게 사사받은 전통무용가 송미숙에게 전승되어 춤연구 및 공연활동을 활발히 하고 있다. 바라승무의 멋은 한성준과 이매방 선생, 두 분의 아름다운 예술세계가 만났다는 것에서부터 다른 승무랑은 차이점이 있다. 무아지경을 느낄 정도로 음악의 흐름이 극적이라는 점에서 무용가들에게 어려운 춤 이기도 하다. 함흥에서 익힌 호방한 기법과 한성준의 단아한 정서가 함께 어우러지고 바라의 놀림도 다양해 독특한 춤사위를 보여준다. 바라승무는 바라 자체는 일단 기술적으로 비비면서 소리를 내는 것이라 시간을 투자해야 한다. 시간을 투자하지 않고, 노력 없이는 춤사위를 얻을 수 없다. 음악과 춤사위가 하나될 수 있도록 음악을 많이 들어서 그 음악을 느낄 수 있어야 한다. 타악기적인 기법 연습도 필요하다.

이성자 보유자는 전통춤에 대한 가치를 이해하고, 깊이 있게 춤을 이어가길 바란다. 또한 춤연구활동도 활발히 하여 앞으로 후학들에게 이 아름다운 춤이 잘 전승되길 고대한다.

해극장 공연 후 스승 장홍심과 함

임영순

II. 춤추는 예인들 37

1952년 6월, 충남 서산에 용의 요란한 울음소리가 울린다. 46세 노모의 산고 끝에 6남매의 막내로 태어났다. 고등학교까지 서산에서 학업을 수학했다. 무용과 노래, 가극 및 연극을 초등학교 때부터 고등학교 졸업 때까지 수없이 공연을 했다. 경연대회, 각종 학교 행사, 군행사 때마다 불려다니느라 바빴다. 방과 후 매일 춤 연습, 노래 연습을 하고 밤에 하교를 했다. 시골이라 거기까지였다. 시골은 정보가 어둡고, 시야가 좁았던 시절이다.

49세가 되던 어느날, 정은영이란 춤 잡지기자를 소개받으며 이봉애 선생님을 만나게 됐다. 싸리문에 8평 남짓 공간에 큰 개 한 마리, 작은개 3마리, 고양이 5마리와 함께 기거하던 이봉애 선생을 처음 만나고 나서 엄마처럼 모시며, 돈은 못 나눠도 진실한 마음의 정을 드려야 겠다는 각오를 하게 됐다. 그 마음이 통했던지 선생도 나를 편하게 생각하셔서 "석유가 떨어졌다, 은행가자, 틀니를 해야 한다, 행정사 사무실 가자, 변호사 사무실 가자, 냉면 먹으러 가자" 등 일만 있으면 전화로 날 찾았다. 워낙 청렴하고 대쪽 같았던 성품이라 제자들한테 수강료도 받지 않고, 검무를 가르쳤기에 생활보호 대상자였던 선생은 생활보조비가 나오는 날은 어김없이 나를 찾았다. 당신이 가장 좋아 하던 냉면을 사주려는 거였다. 휠체어를 타서 음식 드시기가 불편했을텐데 기분 좋아했다. 선생께 냉면을 먹여 드리는 모습을 본 이봉애 선생 아들은 눈물을 흘리며, 자기는 아들이래도 한번도 엄마를 손수 밥을 먹여 드린 적이 없다고 울먹였다. 지금도 그 집 앞을 지나노라면 가슴이 시리다.

잡지기자 정은영이 명지대학교 사회교육원 강사직을 맡기 위해 이봉애 선생을 소개시켜 평양검무가 명지대학 사회교육원에 2003년 12월에 개설 하게 된다. 임영순도 등록하여 검무를 배우게 된다. 6개월 반 학기 수업 후, 이봉애 선생은 명지대 사회교육원 출강을 안했다. 정은영의 단국대 사회교육원과 임영순의 성신여대 평양검무 반 개설을 통해 출강하며, 비록 평생교육원이지만 장롱속에 묻혀 있던 문화재 춤을 대학이란 곳에 뿌리 내리는 것에 대해 눈물 흘리며 감격해 했다. 선생의 염원을 따라 한국방송예술진흥원 연구교수, 성신여대 문화산

업대학원 무용강사, 한세대학교 지식정보교육원에서 한국무용 교수로 평양검무를 전승해 왔다.

연습실을 갖는게 소원이던 선생께 집 근처에 연습실을 개설해 드렸다. 사단법인 단체를 만들고 싶은게 소원이라고 해서 이수자 황건자와 상의해서 법인을 설립해 드렸다. 그렇게 선생과의 인연은 선생을 섬겨야 한다는 사명감을 갖게 했고, 춤에 대한 열정에 불을 지펴 주었다.

아들 딸 대학 입학 후, 남편에게 가정에 소홀함 없이 내 생활을 할 수 있도록 해달라는 간청 후 시작하게 된 임영순의 춤 학습과정은 짬나는 시간은 무조건 명성이 높은 선생들을 찾아 춤을 배우는 것이었다. 김천홍 선생께 춘앵무와 무고, 정재만 선생께 살풀이와 태평무, 승무, 이매방 선생께 살풀이, 입춤, 승무, 강옥남 선생께 교방살풀이, 그 외 젊은 선생들의 춤태를 배우기 위해 정주미, 박은영 선생께 기본무와 입춤, 소고무를 배운다. 정명숙 선생의 살풀이 연수에 3회 연속 참여해 춤태의 기본과 깊이를 배운다. 배정혜 선생 제자에게 장구춤, 김영수 선생에게는 설장구, 최윤실 선생에게 삼고무, 동래교방무, 동래교방굿거리, 부채춤을 배웠다.

초등학교 때 선생들에 의해 끌려 다니며 추던 춤이 이제 임영순의 삶이 됐다. 큰 과제를 부여 받게 된다. 보유자로서의 사명이다. 평양검무를 올바르게 전승하고, 이봉애 선생의 예술정신과 춤의 전통성을 계승, 발전시켜야 한다는 책임감이다. 평양검무 예능보유자라는 사명을 현명하고, 냉철하게 지켜 나가기 위해 늦은 나이에 특수대학원이 아닌 세종대학교 일반대학원 한국무용학 박사과정에 지원해 한국무용학 박사학위를 취득한다. 평소 관심을 갖고 있던 춤 분야에 대해 깊이 있는 공부를 하면서 끊임없이 춤에 대한 연구와 실기를 열정적으로 했다. 故 이봉애 선생께 실기보다는 구전으로(다리가 불편하신 관계) 사사했던 춤들, 평양권번 기본무, 부르나 살풀이, 평양검무를 재안무 구성한 출진무, 터벌림, 향발무, 평양손장구, 선비들의 춤 풍류랑무를 복원했다. 평양권번의 춤보존회로서 연 2회 서울과 안양에서 정기공연이란 타이틀로 전승, 보급에 힘쓰고 있다. 이봉애 선생 작고 후, 스승을 기리는 추모제와 탄신일에 헌정하는 공연을 통해 전승과 보급에 최선을 다한다. 평양검무의 정통성을 근간으로 평양검무의 유네스코 등재를 위한 노력, 세계화와 대중화를 위한 품격있는 평양검무의 전승과 발전이 중요하다. 모든 무용인들에게 인정받고, 홀대받지 않는 춤이 되길 희망한다 .

Ⅱ. 춤추는 예인들

송미숙

1958년 전북 군산에서 태어난 송미숙 宋美淑은 어린 시절 2남 4녀 중 장녀로 태어났다. 부친父親은 온화한 성품에 공무원으로 가족들이 화목하고 건강하게 지낼 수 있도록 한 평생 온 힘을 쏟으셨다. 어머니는 6남매에 대한 교육열이 대단하셨고, 예술계에 후원도 하는 사업가로 예술에 조예가 깊으셨다.

어린 시절부터 예능에 일찍이 재능을 드러냈던 맏딸을 군산에서 전국 1호로 설립된 '육정림무용연구소'에 입문토록 한 어머니의 선구안으로 춤을 입문하여 전통춤의 기본기를 익혔다. 이후 배정혜의 군산 공연으로 삼촌인 배명균(1927~2008)과의 춤 인연이 시작된다. 서울에 있던 배명균무용연구소에 1975년에 입문하여 2008년까지 사제인연을 맺는다. 송미숙은 중앙초등학교, 군산여자중학교, 군산여자고등학교 무용반 활동을 하면서 여러 경연대회에서 수상했다. 숙명여자대학교 한국무용을 전공, 동 교육대학원 교육학 석사, 국립한국교원대학교에서 무용가로서 제1호 교육학박사를 취득하였다. 1981년부터 1987년까지 중앙여중, 영광여중, 영광여고에서 무용교사로 재직하면서 무용교육자로 자존自尊하였다. 2024년 국립진주교육대학교 교수로 퇴임하여 명예교수로 임명받았다.

송미숙은 전통과 창작을 익혀 1983년부터 무용교육자, 공연예술가로서 왕성한 활동을 하여 왔으며, 개인 활동을 넘어 한국춤 동인들과 함께하는 춤판을 기획하는 역할도 하고 있다. 창작춤의 기법은 육정림과 배명균의 영향을 받았으며, 문화재종목에 집중된 시점에 소외되거나 알려지지 않은 전통춤 종목에 주목하였다. 그러한 전통춤 중 안성의 향당에서 전승되어온 홍애수건춤, 채선향, 경천배례무, 태극진세무, 봉황금란무, 여래신검무, 검무, 소화권번 장금도의 민살풀이춤, 함흥권번의 장홍심류 바라승무, 검무, 살풀이춤 등을 사사받게 된다. 이 중 '홍애수건춤'으로 2005년 대통령상과 '바라승무'로 2022년 명인부 대상을 수상하게 된다. 스승으로는 고인이 되신 육정림, 배명균, 양태옥, 김수악, 장금도, 이애주와 이성자, 유영희, 김태연, 유청자에게 사사받았다. 이외 임실필봉설장구, 진주삼천포 농악을 배웠고, 무형문화재 종목 이수로는 국가무형문화재 진주검무(2014)와 경남무형문화재 진주교방굿거리춤(2003), 경기도무형문화재 안성향당무(2005)이수자이기도 하다.

주요 창작작품으로는 1991 〈하늘 잃은 땅〉, 1992 〈님이여 님이시여〉, 1993 〈가시나무 꽃〉, 1993 〈가시지게Ⅰ〉, 1994 〈가시지게Ⅱ〉, 1995 〈고향〉, 2002 〈배띄워라〉, 2007 〈風·雲·故〉, 2007 〈이뭣고Ⅰ〉, 2010 〈발끝에 걸린 눈〉, 2011 〈그리움 그 슬픔을 넘을 제〉 등이 있다. 전통춤 공연은 '송미숙 전통춤 발표회 다수(1996~현재)', '한국예인의 명작·명무전(2012~현재)', '공감, 예무를 말하다(2011~현재)', '예술공감 콘서트(2020)', '한국전통의 맥 100인전(2023~현재)'등 기획, 연출, 예술감독, 출연 등 열정이 넘치는 예술가이다. 특히 〈공감, 예무를 말하다〉는 시리즈를 작품화하여 악·가·무를 합일한 총체적인 무대를 확립했다는 평을 받으며 현재까지 이어오고 있다. 2020년에는 효윤아트센터를 설립하여 전통예술인들의 저변 확대와 공연영역 확장을 위하여 〈예술공감 콘서트〉를 기획하여 후학들이 예술혼을 펼칠 수 있도록 조성하는 등 전통예술에 기여한 바가 크다. 이러한 행보에 이어 2023년 〈한국전통의 맥 100인전〉을 기획하게 된다.

2019년 설립한 사단법인 한국전통예술협회 이사장으로 '한국전통의 맥-100인전' 총예술감독을 맡았고 출연자 선정 공개모집을 하였다. 선정된 전통예술인들이 서울효윤아트센터와 전통공연창작마루 광무대에서 매월 2회 전통춤 공연을 시행하였다. 후속작업으로 아카이빙 작업을 통해 '한국전통의 맥 예인전'을 출간하여 예인들의 삶의 기록을 담아내고자 하였다.

〈이 시대의 가무악시리즈Ⅰ- 한국전통의 맥 100인전〉은 전통예술의 이음과 예맥의 장으로 이 공연에 참여한 춤꾼 138명, 국가무형문화재 종목, 시도무형문화재 종목, 미지정 전통춤, 신전통춤 중 78여 작품이 무대에 올랐다. 100인전은 전국에서 흩어져 활동하고 있는 전통예술인들이 3월 부터 시작하여 12월에 성황리에 막을 내렸다.

저술활동은 〈무용개론〉, 〈창작을 위한 무용교육〉, 〈안성향당무〉, 〈바라승무〉, 〈문화예술교육개론〉, 〈초등무용교수법〉, 〈문화예술교육의 이론과 실제〉 등 다수의 개론서를 집필했다. '우리춤 교육을 위한 프로그램 개발과 적용효과'라는 박사학위논문을 비롯해 그동안 40여편이 넘는 연구 논문을 발표하는 등 혼신의 노력을 기울이고 있다. 또한 연구자들과 공유하는 한국문화예술교육 포럼과 무용문화와 관련된 학술대회를 개최하고 있으며, 한국예술문화학회와 한국문화예술컨텐츠 연구소를 운영하고 있다.

우리춤의 문화유산을 발굴하고, 그 춤을 지켜나가는 사람들의 모습을 만나는 이 시대. 각자의 모습으로 간직하고 있는 현재의 춤, 명무를 짐작할 수 있게 해주는 춤, 명무를 찾아가는 여행자의 모습을 확인한 춤의 기록현장이다. 그들의 춤에 대한 순순한 열정에 탄복하였고, 한국전통문화의 무궁무진한 보고가 다름 아닌 춤추는 사람들이었음을 일깨운 순간이다. 송미숙은 춤 역사의 시간을 함께 해 온 예인들의 한국전통문화유산에 대한 올곧은 받듦과 이음을 위해 최선을 다할 것이라는 다짐과 전통춤의 예술적 가치, 전승과 계승을 위해 시대조류에 부응하는 역할을 올곧게 할 것이다.

Ⅱ. 춤추는 예인들

임수정

Ⅱ. 춤추는 예인들 49

예술에 관심이 많으셨던 어머니 덕분으로 어린 시절 전통춤을 자연스럽게 접하게 되었다. 배우는 것을 워낙 좋아하여 전통춤뿐만 아니라 서예, 사군자, 피아노, 성악, 미술 등 어린 시절에 총제적인 학습을 할 수 있었다. 이러한 자양분이 춤세계를 펼칠 수 있는 든든한 기반이 되었다.

민족의식이 싹트고, 우리 민족문화의 소중함을 인식하기 시작하면서부터 본격적으로 전통춤의 예맥을 지닌 예인들을 찾아다니며, 열정적으로 갖은 학습을 하였다. 김숙자 선생에게 도살풀이춤과 경기무속춤을 익힌다. 박병천 선생에게 장단과 소리, 진도북춤, 굿거리춤, 지전춤 등 악樂·가歌·무舞의 총체적 학습을 하였다. 이매방 선생에게 승무, 살풀이춤을 비롯한 전통춤의 깊은 세계와 치열한 예인정신을 배웠다. 또한 김수악·성계옥 선생에게 교방 예기들의 격조 높고 기품있는 춤세계가 담긴 교방굿거리춤, 진주검무 등을 익힌다. 이흥구 선생에게 춘앵전·무산향 등을 통해 전통무용에 내재된 음양오행의 진리를 터득한다.

전통춤을 대표하는 예인들은 악·가·무의 총체적 학습을 통해 합일의 경지에서 그들의 작품세계를 펼친다. 그러한 작품에는 춤사위뿐만 아니라 춤사위를 살아 움직이게 만드는 장단과 음악, 춤옷과 예술정신이 담겨있는 소중한 문화유산이기에 이제는 단순히 좋아하는 것 이상의 그 무언가가 되어버렸다. 내가 춤이고, 춤이 나인 상태가 되었다고나 할까. 자신이 춤을 추는 것이 아닌 춤이 스스로 살아서 춤을 추는 경지를 경험하게 된다.

악·가·무의 기운이 융합된 기운생동氣韻生動한 세계가 전통춤 본연의 모습임을 깨닫게 된다. 악·가·무 합일의 경지를 추구하며, 국내외 다수공연과 20회의 전통춤 개인발표회를 통해 박제된 전통이 아닌 살아있는 몸짓, 혼魂이 실린 춤으로 평가 받았다. 제15회 한밭전국국악대회 명무부 대통령상을 수상하며, 명무의 반열에 올랐다. 또한 전통춤을 살아 움직에게 만드는 장단과 음악의 중요성을 깨달아 '장구교본'과 '한국의 무속장단'을 정리하고, 발품을 팔아 전국 각지를 돌며 '한국의 교방검무'를 출간하였다. 전통춤을 총체적으로 연구한 다수의 논문을 발표하며, 전통춤의 실기와 이론을 겸비한 춤꾼이다.

국내공연뿐 아니라 해외공연을 통해 한국 전통춤의 예술세계를 널리 알리는 활동도 활발히 펼쳤다. 1994년 미국 순회공연, 1999년 유럽 순회공연, 2000년 한·일 고전예능제 공연, 2002년 일본 순회공연, 2003년 아·태 예술제 태국공연, 2009년 중국인민대회당 공연, 2011년 한·호 수교50주년 기념공연, 2012년 터어키 교류공연, 2013년 한국의 물결 헝가리 공연 등을 통해 호평을 받았다. 또한 2015년에는 인도대사관 초청공연, 독일 베를린·함브르크 초청공연을 펼쳐 관객들로부터 열화와 같은 기립박수를 받았다. 2017년 러시아, 아르메니아 초청공연에서는 전통예술에 담긴 '혼의 소리, 혼의 몸짓'을 보여주며, 한국의 전통예술에 담긴 기운생동한 예술세계를 각인시키고 외국 관객들에게 큰 감명을 주었다. 2018년에는 로마공연을 통해 한국 천년의 몸짓을 선보이며, 한국 전통춤에 내재된 미학을 외국관객들에게 감명깊게 보여주었다.

1995년 제1회 임수정 전통춤 개인발표회를 시작으로 2021년 제20회 임수정 전통춤판을 펼치고 있다. 전통춤에 내재된 예혼과 기운 생동한 예술세계를 선보이기 위해 오랜 세월동안 전통춤에 천착하며 한길을 걸어왔다. 또한 한국 전통춤 진흥을 위해 다양한 공연과 학술활동, 대중화에 앞장서 왔다. 박병천류 전통춤보존회 회장, 한국전통춤예술원 대표, 무용역사기록학회 부회장, 한국전통춤협회 이사를 맡아 전통춤 발전을 위해 매진하고 있다. 전통춤의 진흥을 위해 노력한 그간의 공로를 인정받아 2015년 (재)전통공연예술진흥재단에서 수여자는 '유공자 표창장'을 수상하였다. 한국예술평론가협의회로부터 제38회 '올해의 최우수예술가(전통부문)'로 선정되었다.

전국의 명인, 명창, 명무의 사진을 기록으로 담고, 예인藝人들의 행적을 정리하는 작업에 매진하고 있는 세계일보 기자셨던 정범태 선생은 임수정의 춤을 보고 다음과 같이 묘사한다. "임수정의 춤은 때와 시기를 알기에 밝고 지루하지 않다. 춤은 소리와 형태가 없고 무정한 것이지만 그녀의 몸짓은 허공에 선을 그려내어 음양과 오행을 말하고, 사계를 운행하며 희로애락의 시로 노래를 부른다."

평론가 장석용 선생은 "을해년(1995년) 첫 공연부터 역동적 몸짓과 거침없는 행보로 무애無碍의 춤 세계를 지향해 온 임수정의 개인공연은 19회를 기록한다. 그녀의 춤은 현대인들에게 에너지를 불어 넣으며 치유의 기능을 해왔다. 임수정은 전통춤의 본질을 꿰뚫고 개성과 정체성을 부각한다. 그녀는 스승들의 춤을 숭상하고 존중하며 원형 보존에 힘써온 춤꾼이다. 그녀는 민속과 무속, 교방의 예술가들이 보여주셨던 악가무의 통달의 다양한 영역의 춤을 연구하고 소화해낸 무용가이다."

평론가 김호연 선생은 "진도북춤은 잘 알려져 있듯 박병천에 의해 무대화된 민속춤이다. 문화재가 아닌 전통춤이 이렇게 보편화된 것도 박병천과 그의 제자들에 의한 파생적 노력에 힘입은 바 큰데, 그 노력의 한 축에서 임수정을 논할 수 있다. 임수정의 진도북춤은 웅혼하면서 형식미가 있다. 그는 민속춤이 지니는 본질인 자율적인 행위의 질서가 바탕이 됨과 동시에 기본에 충실하여 흐트러짐이 없다. 어느 무대에서건 그의 진도북춤이 두드러지게 보이는 것도 균형을 유지하며 즉흥과 본질을 제대로 보여주기 때문이다."

평론가 김영희 선생은 "임수정은 춤의 길로 들어선 후, 1995년부터 매년 정기공연을 올렸다. 스승으로부터 배운 춤들을 고스란히 습득한 대로, 연륜과 고민을 더하면서 올해 25년이 되는 해이기에 그간을 돌아보고자 한다고 했다. 제목도 그간의 춤 여정을 돌아보며 '춤길'이라 했다. 공연은 영상으로 시작되었다. 영상 속에서 스승 박병천, 이매방, 김수악 예인의 모습이 함께 등장했고, 여러 춤들을 연습하고 공연하기도 했다. 춤의 순서는 보존과 교육을 위한 장치일 뿐 음악의 기본이 단단하고, 다양한 계열의 전통춤들을 이미 학습한 임수정이 앞으로 어떤 춤판을 펼칠지 더욱 흥미진진해 진다. 어느덧 자신의 춤길로 접어들었다."

지금 돌이켜 보면 전통춤에 대한 지독한 짝사랑 하나로 버텨온 세월이다. 전통예술분야 중 판소리 명창들은 5바탕을 익히기 위해 스승들을 찾아다니며 학습하고, 득음의 경지에서 자신의 예술세계를 펼쳐내었다. 임수정 역시 전통춤을 대표하는 춘앵전, 승무, 살풀이춤, 교방굿거리춤, 진도북춤 등을 비롯하여 다양한 전통춤을 수십 년간 학습하며, 지무^{知舞}의 경지에 도달해 자신의 더늠을 담은 자유로운 예술세계를 펼치기 위해 부단히 애쓰고 있다.

대학에서 전통춤에 내재된 기운생동한 예술세계를 후학들에게 올곧게 가르치고 있고, 국가무형문화재의 이수자로 활동하고 있다. 박병천류 전통춤보존회의 회장을 맡아 박병천 선생이 남기신 춤문화유산인 진도북춤을 비롯한 박병천류 전통춤에 담긴 예술성과 예술정신을 널리 알리기 위해 활발한 공연활동 및 전승활동을 펼치고 있다. 무형문화재로 지정된 한정된 춤을 추는 현실의 풍토에서 지정가치가 있는 보다 다양한 전통춤들이 활발히 공연되어 짐으로써 전통춤의 자산이 보다 풍부해 져야 하기에 춤사위와 북가락의 오묘한 조화속에 멋과 흥과 신명의 경지를 자유자재로 넘나든다.

전통춤에는 반만년의 역사, 문화, 철학 등 도도한 강물이 흐르고 있다. 단순히 춤사위를 익히는 것이 아니라 조상들의 정신문화유산을 이해할 수 있어야 감흥과 신명의 경지에 이를 수 있다는 믿음으로 외면적인 예술미 뿐만 아니라 내면의 예혼을 담을 수 있는 진정한 예술가가 되고자 한다. 확고한 춤철학을 바탕으로 가.무.악 합일의 치열한 학습속에서 쌓아온 그동안의 춤을 통해 반만년을 관통하며, 영원히 빛을 발하는 거대한 한국인의 예술세계를 관객들에게 전달하고, 전통춤 본연의 의미를 담는 공연을 통해 전통춤의 개성과 정체성을 드러내며, 전통춤에 담긴 본질적인 의미를 부각시키고자 한다. 춤을 통해 우리의 예인들이 그러했듯 동시대인들과 소통하며, 그들의 영혼을 치유하고, 생기와 활기를 불어 넣는 춤 본연의 역할을 하고 싶다. 우리나라의 시조^{始祖} 단군왕검의 건국이념인 '홍익인간^{弘益人間}'처럼 널리 인간을 이롭게 하는 춤세계를 펼치고자 한다.

54　한국전통의 맥 藝人展

Ⅱ. 춤추는 예인들

김승일

한국무용가 김승일의 춤인생은 1982년, 국립전통예술고등학교의 전신인 서울국악예술고등학교 정상노 선생께 기본동작을 배우면서 시작된다. 이듬해 국수호 선생께 춤을 배우면서 본격적으로 한국춤에 입문한다. 1985년 중앙대학교 진학 후, 송범 선생과 국수호 선생 두 분의 춤을 사사한다. 두 분의 영향으로 신무용과 창작무용, 무용극 등을 두루 섭렵할 수 있는 계기가 되었다.

1988년 서울올림픽 개막공연에 참여했다. 같은 해 동아무용콩쿠르에서는 금상을 수상한다.

1989년 국립무용단에 입단해 4년간 다양한 작품으로 국내외 무대를 두루 누볐다. 1992년부터는 디딤무용단에서 공연활동을 시작한다. 이때 다양한 창작 작품에 주역무용수로 참여했다. 1992년 뉴욕 카네기홀에서의 '남북한 UN 가입 기념' 축하공연을 통해 한국춤을 세계인에게 선보였다. 1995년부터는 故 이매방 선생께 승무를 사사해 2003년 승무 이수자가 된다. 2008년부터는 살풀이춤을 사사한다. 이매방의 오고무, 사풍정감 등 다양한 춤 레퍼토리를 학습해 전통 춤길을 다진다. 김명자(김정수) 선생께는 살풀이춤을 사사해 2023년에는 살풀이춤 이수자가 된다.

2001년 한국체육대학교에서 스포츠교육학 박사학위를 취득한 김승일은 한국무용 교육의 발전 방향과 교육을 위한 교수법에 대한 연구를 지속적으로 이어오고 있다. 2005년부터 중앙대학교 예술대학 무용학과 교수로 재직하며, 오늘에 이른다.

'2002 한일월드컵' 개막식, '2016 문경 세계군인체육대회'와 같은 국가행사, 전국 단위의 주요 행사 안무를 맡아 한국문화의 우수성을 세계에 알렸다. 안무가로 참여한 국내공연뿐만 아니라 전 세계 50여 개국 100여 개 도시에서의 해외공연을 성공적으로 치뤘다. 여러 국가에서의 공연은 우리춤이 지닌 맛과 멋, 한국문화의 우수성과 다양성을 알리는 역할을 했다.

현재 그는 김승일무용단 단원들과 함께 전통춤 시리즈 〈예가藝歌〉와 〈공감〉이라는 창작춤 무대를 매년 선보이고 있다. 전통춤을 사랑하고 지키기 위한 노력, 한국춤의 다양성을 위한 창작 작업은 끊임없이 이어질 것이다.

Ⅱ. 춤추는 예인들

염현주

1968년 서울에서 태어나 어려서부터 남달리 하는 행동들을 보던 증조할머니에 의해 6살 때부터 무용학원을 다니게 되었다. 이것이 나의 운명의 길이 되었으며, 무용입문의 첫발이 된 것이다.

초등학교와 중학교는 일반학교를 다니면서도 계속적인 무용반 활동을 하면서 다수의 대회에 나가 우수한 성적으로 수상한 바 있다. 그런 활동을 기반으로 선화예술고등학교에 입학해 무용부 과장으로 계시던 배정혜 선생(전 국립무용단 예술감독) 밑에서 공부를 한다. 선화예고를 졸업하고, 정승희교수께서 계시던 상명여자대학교를 입학하게 되면서 진도씻김굿 보유자였던 故 박병천 선생과 정재연구회 김영숙 선생을 만나게 되었다.

대학 졸업 후 조교를 하고, 대학원을 다니면서 졸업생들로 구성된 춤·자하무용단 회장을 맡아 많은 창작활동을 하면서도 전통무용의 맥을 놓지 않고 매진한 결과 지도교수님이셨던 정승희 교수님의 지도로 동아콩쿨 전통무용부문에서 '금상'을 받았다. 이후 여러 대학의 강의를 나가면서 많은 활동을 하게 된다. 특히 한국예술종합학교 무용원에서 채상묵 선생, 김백봉 선생, 故 최현 선생 등 여러 훌륭하신 분들의 반주강사를 하면서 남다른 교수법과 우리춤에 대한 확고한 신념과 자부심을 가지게 되었다. 현재는 세한대학교 전통연희과에서 전통예술을 계승하고 있는 후학들을 가르치고 있다.

세한대학교 전통연희학과는 2004년에 故 박병천 선생에 의해 가·무·악 중심의 학과인 '전통연희학과'로 명명됐다. 직접 초대 학과장을 작고하실 때까지 역임했다. 2대 학과장으로 비나리의 명인 이광수 교수, 2012년부터 현재까지 염현주가 학과장을 맡아 운영하고 있다.

대학교에서 후학을 양성하는 것만큼 스승들에 대한 기대의 부흥도 중요했다. 스승께서 준 작품들을 계승, 발전시키는 일은 스승들의 큰 은혜에 대한 작은 보답으로 생각하고, 정승희 교수께 사사한 한영숙류 살풀이, 태평무로는 동아콩쿨에서 '금상' 수상으로 인정 받았다. 박병천 선생께 사사한 북춤은 한국국악협회에서 주최한 전국국악대전에서 '대통령상'을 받으면서 그 은혜에 조금이나마 보답을 했다고 생각한다.

박병천 선생은 국가무형문화제 제72호 진도씻김굿 보유자로 무속분야에서는 장단, 소리, 춤 모든 분야에서 거장이자 민속예술작품의 산실이라고 불릴 정도로 다재다능한 분이다. 그의 모든 분야를 전승하고 계승해야 제자로서 마땅하나 무용전공자로서 바라본 그의 예술세계를 이해하고 전승하려고 노력한다. 씻김굿 속에서 이루어지는 모든 춤 분야, 또 춤으로 이어지는 구조들을 연구하고 공부하고 있다.

지금도 대학교는 물론 좀 더 폭넓은 예술활동을 위해 전통춤예술원 '예악' 대표로도 활동하고 있다. 단원들은 모두 전문 예술인으로 심도있는 연구와 공연활동, 지속적인 연습으로 훌륭한 스승들의 뜻과 우리의 전통문화예술을 계승·전수하고 있다.

Ⅱ. 춤추는 예인들

박미영

경북 예천에서 태어나고 자란 아버지는 서울로 발령을 받으시고, 지금의 잠실에 자리를 잡으셨다. 1969년 셋째 딸로 박미영이 태어난다.

어느 날 부모께서 리틀엔젤스 공연을 초대받아 예술회관에 가셨다. 무대 위에 선녀들이 내려와 춤을 추는 것 같다며 자식이 여럿이니 이 중에 한 명쯤은 무용을 시켜보고 싶다고 생각하셨다고 한다. 가끔 동네에 엿장수가 오면 가위 장단에 춤을 추곤 했던 셋째 딸 박미영을 염두하고 계셨는지 어머니는 바로 내 손을 붙들고, 어린이대공원 안에 있는 리틀엔젤스 예술단에 가셨다. 그때 나이가 7살이다. 무용홀 초입에 서서 상담하셨던 어머니는 "아이가 재능이 있으나 아직 어려 초등학교에 입학하면 다시 오라"는 말을 듣고, 집으로 돌아오는 길에 내년에 다시 오자고 했다.

세월이 흘러 성내동 집 근처 초등학교에 입학한다. 잠실에 사는 외숙모의 집 건물 2층에 무용학원이 생겼다. 무용학원 월세를 좀 깎아주는 대신 외숙모 딸인 진희, 형주가 그 학원에 다니게 됐다는 얘기를 들었다. 무용에 대한 미련을 못 버리셨는지 어머니는 그 사촌 2명과 함께 다녀보지 않겠냐고 한다. 발레를 먼저 배우기 시작했다. 나중에 한국무용 수업을 하면서 드디어 무용에 관심이 생기기 시작한다. 너무나도 우연찮게 시작한 무용이지만 일생을 바꿔놓는 계기가 된다. 박미영은 대회 나갈 때마다 상을 받아오고, 원장이 재능이 있는 아이라고 계속 무용을 시켜야 한다고 전공을 권했다.

교육열이 강한 어머니는 무용을 전공시키기로 마음먹는다. 어머니는 외삼촌들이 하는 일에 도움을 받아 사업을 시작하면서 본격적으로 무용과 피아노 등 학원을 다닐 수 있었다. 중학교에 입학한 박미영은 무용을 배우고 있었던 터라 자연스럽게 무용반에 들어가게 된다. 이때 만난 선배 언니들이 선화예술고등학교에 입학하면서 예술고등학교에 대한 정보를 접하게 되었다. 무용반 선생의 조언으로 선화예술고등학교 시험을 보게 되었고, 합격하여 무용전공자의 길을 걷게 되었다.

선화예술고등학교에서 훌륭한 선생들을 만나 부지런히 실기를 연마하고, 많은 경험을 쌓으면서 한양대학교에 진학해 대학원 석박사를 마쳤다. 2006년에는 이매방 선생을 찾아가게 된다. 살풀이춤, 승무, 검무, 장고춤, 무당춤, 삼고무, 입춤 등을 배우면서 이매방 선생의 춤의 맥을 잇게 되었다. 박사학위를 마치고 또 다시 고려대학교 철학과 박사과정을 밟았다.

배움은 끝이 없다. 자신에 대한 성찰과 숙고의 시간은 오로지 춤과 철학을 통해서 이루어졌다. 철학과 미학에 빠져 춤과 관련해서 많은 글을 쓰고, 학회활동을 하면서 예술을 통해 학생들을 가르쳐야겠다는 생각이 샘솟기 시작했다. 예술은 그 어떠한 교육보다 인간에게 있어서 소중하고 중요하다는 인식과 함께 자신의 창작작업에서 철학적 의미에 중점을 두게 된다. "과학은 거대한 우주 속 미약한 우리를 들여다보게 하고, 예술은 그 미약한 우리의 작은 마음을 우주로 확장한다"는 김초엽 작가의 말처럼 예술이 인간에게 주는 힘은 자신의 삶을 무한한 새로운 세계로 이끈다는 점에 감동을 받았다. 춤은 이렇게 자신과 세상을 발견하고, 바꾼다는 사실을 깨닫게 된다.

교수가 되기 위해 노력했지만 기회는 쉽게 찾아오지 않았다. 그러다가 단국대학교에 기회가 왔었고, 예술을 가르치고 접할 수 있는 교수가 되었다. 늘 초심을 잃지 않는 교수로서 더욱 열심히 자신을 갈고 닦으며 겸손한 마음가짐으로 세상을 대하겠다는 다짐은 지금도 변함이 없다.

어려운 형편에 무용을 하면서 느껴왔던 점은 재능을 가졌지만 할 수 없는 현실에 슬퍼하고 힘들어하는 사람들을 위해서 "내가 과연 무엇을 할 수 있을까"였다. 세상을 부정적으로 바라볼 수밖에 없었던 소외계층에게 예술이 주는 영향력은 너무나도 크나큰데, 과연 내가 할 수 있는 일이 무엇인지를 찾아보게 되었다. 2009년 봉사단체에 입회하여 10년 넘게 봉사활동을 해오면서 내가 그들에게 정작 베풀 수 있었던 게 무엇이었는지 되묻게 되었다. 자신이 잘하고 좋아하고 할 수 있는 일이 무엇인지를 생각하면서 그동안 해오던 일을 사단법인을 통해서 투명하고 진솔하게 예술전반의 봉사를 해야겠다는 생각을 하였다. 이렇게 창립된 것이 사단법인 대한문화예술진흥협회이다. 꼭 무언가를 근사하게 만들고 표현해야만 하는 예술보다는 누구나가 함께 즐기고 느끼고 생각하는, 그럼으로써 예술과 삶이 분리되지 않는 행복한 삶을 영위할 수 있는, 봉사와 나눔을 실천하는 신념을 찾게 되었다.

박미영이 춤을 추지 않았다면 과연 어떤 모습일까 생각해본다. "인간을 생각했을까, 삶의 본질을 생각했을까, 덕이 무엇인지 선이 무엇인지 은혜로움과 자비가 무엇인지 생각했을까". 아직 실천하지는 못했더라도 적어도 '해야 한다'는 사실만은 안 것 같아 기쁘다.

윤혜정

II. 춤추는 예인들

윤혜정은 강원도 속초에서 3남매 중 첫째로 태어났다. 어머니가 하고 싶으셨던 꿈인 한국무용을 다섯 살이 되던 해에 아무것도 모른 체 어머니의 손에 이끌려 무용학원을 등원하면서 춤에 입문하게 된다. 속초에 무용학원이 처음 생기면서 첫 원생으로 학원 등록을 하고, 양영희, 양숙희 쌍둥이 선생에게서 한국무용의 첫 걸음마를 배우게 되었다. 어린 나이에도 춘향이 역을 가르치면 연습인데도 이몽룡과 헤어지는 장면에 월매에게 매 맞으며 슬퍼하는 장면을 실감나게 연기하며 춤을 소화했다는 선생들의 칭찬은 지금까지 '연습은 공연처럼'이라는 연습습관이 되어버렸다. 아낌없이 사랑을 주고 한없이 너그럽지만 조금은 고지식한 아버지로선 고등학생인 첫딸을 서울에 있는 예고로 보낸다는 일은 절대 용납할 수 없는 일이었다. 예고를 진학하는 일은 포기했어야 했고, 속초에서 인문계 고등학교를 다니면서 대신 서울로 레슨을 받으러 가는 것을 허락했다. 춤을 배울 수 있다면 속초에서 서울의 거리는 문제도 아니었고, 매주 주말이면 기다려지고 설레 서울로의 레슨 길을 한달음에 달려 다녔다.

경희대학교 무용과를 합격하고 故 김백봉 교수, 김말애 교수에게 신무용의 최고점을 눈으로 직접 배우고 이히머 대학 4년의 생활을 전액 장학금을 타며, 우수졸업생으로 학사를 마쳤다. 대학원 진학이 목표였으나 대학 3학년 시절 국립무용단 공연을 보고, 큰 충격과 함께 국립무용단에서 춤을 춰보고 싶다는 강한 의지가 한 단계 성장하게 만든다. 시작은 국립무용단 입단이 목표였으나 춤을 배우는 과정이 이렇게 큰 기쁨과 깨달음의 연속인지를 실감하게 한 시기가 김정학 선생의 문하에 들어가 춤 공부를 시작하면서부터다. 어느새 국립무용단 입단이 목표였다는 사실도 잊은 채 한국춤의 세계를 파고들어 조금씩 깨달음의 시기로 다가갈 수 있도록 일깨워 준 김정학 선생과의 배움의 시기가 지금의 윤혜정이 춤이 뭔지 아주 조금은 알 수 있게 되는 시점이였다고 할 수 있다.

국립무용단에 입단해 주역무용수로서의 활동을 경험하고, 문체부장관의 모범우수단원상을 수상하며, 근면 성실한 자세로 단체 생활을 무리없이 수행한다. 프로단체의 산 경험은 직업무용단의 예술감독 직을 수행함에 있어 큰 도움이 된다. 대학원 공부에 대한 아쉬움은 무용단 재직 3년 차 시절 경희대학교 교육대학원을 야간으로 다니며 석사학위를 취득하고, 박사 공부를 위해 국립무용단을 6년 차에 퇴사한다. 단국대학교 박사학위를 취득하기까지 많은 대학의 강의를 하면서 민간무용단을 이끌며, 여러 실험의 공연 경험을 한다.

춤을 배우고자 하는 노력은 경남무형문화재 제21호 진주교방굿거리춤의 김수악 선생에게 사사와 서울시무형문화재 제45호 한량무 색시 역을 이수하는 기회로 이어졌다. 국립무용단을 퇴사한 1999년부터 지금까지 조흥동 선생의 춤을 꾸준히 연마하고 있다. 국립무용단 시절에 배웠던 수많은 류파별 전통춤과 신무용, 퇴사 후 자신의 춤을 찾기 위해 열심히 매진하며 닮아가고 싶은 조흥동 선생의 춤은 한국춤의 끝이 없음을 깨우쳐 준다. 강원특별자치도립무용단의 예술감독 겸 상임안무자로서 단원들과 전통과 창작을 오가며 함께 춤추고 고민했다. 2024년 2월, 서울시무용단 단장으로 부임한다. 언제나 머릿속을 떠나지 않는 것은 춤에 대한 보이지 않는 답을 찾아보려는 자신의 고민과 전통춤에 대한 자부심이 무용하는 젊은 친구들에게도 깊이 심어지기를 바라는 마음이다. 우리의 전통이 촌스럽고 지루한 것이 아니라 오랜 수련을 통한 경지에서만 참 전통을 표현할 수 있는 너무나 고차원의 예술이라서 평생을 두고도 오르기 어려운 귀한 예술이라는 사실이다.

서한우

금당 서한우 명인은 1964년 전라남도 완도에서 2남 3녀 중 장남으로 태어났다. 부모는 완도에서 자영업을 하시나 항상 민속예술을 접하시면서 마을 동제 때 제주 역할을 담당하곤 했으며, 부모의 영향을 받아 성장한 그는 초등학교 시절 문화예술에 관심이 많은 교장 선생을 만나 농악단을 설립하게 되고, 본격적으로 공부한다. 당시 남도문화제에 참가해 입상하고, 민속촌 농악단장 정인삼 선생과 인연을 맺는다. 한국민속촌 농악단 구성단원 1년을 거쳐 청주대학교에서 한국무용을 전공하였다.

대학시절 스승인 고박금슬, 고한보성, 정인삼, 서희주, 강혜숙, 고박병천 등 많은 선생들께 사사했다. 1990년 (재)서울예술단에 입단해 수많은 작품과 여러 장르를 경험하면서 작품구성, 안무, 연출 등 우리전통의 창작 歌·舞·樂 작품을 지금까지 수행하고 있다. 특히 80여 개국의 해외공연을 통하여 우리 전통문화의 우수성과 중요성을 재인식하고, 우리문화의 계승과 발전을 위하여 동국대학교 문화예술대학원에 입학해 예술학 석사학위를 받는다.

그는 서울예술단 단원을 거쳐 무용 지도위원 겸 타악감독에 이르기까지 소속 구성원과의 인화관계는 물론 팀웍을 중시하면서 작품 제작에 열정을 아끼지 않았다. 그리고 (재)정동극장 예술감독직을 2년간 하면서 많은 변화를 일으킨다. 한국을 대표하는 가·무·악 국가예술단체로 옴니버스 스타일을 과감히 탈피해 '미소'라는 작품을 통해 드라마가 있으면서도 관객과 함께 호흡할 수 있도록 안무, 연출해 내외국인들에게 엄청난 호평을 받는다.

주요 수상경력으로는 1983년 전주대사습대회 농악부문장원(문공부장관상 수상), 1984년 전주대사습대회 농악부문장원(국무총리상 수상), 1985년 전라예술제 전국농악경연대회(대통령상 수상), 1991년 문화체육부 장관공로패 수상, 1994년 사물놀이겨루기대회(문화체육부장관상 수상), 2000년 문화체육관광부 장관 표창, 2015년 제17회 전국농악명인전 종합대상(국무총리상 수상), 2021년 제4회 대한민국경제문화공헌대상(무용부문대상), 2023년 제34회 대구국악제 종합대상(대통령상 수상) 등이 있다.

주요 안무 및 구성, 연출로는 1995년 서울예술단 가·무·악 "신의 소리춤" 구성, 연출 및 안무를 시작으로 1998년 서울예술단 가·무·악 "비나리98" 타악구성, 1998년 국군의 날 행사 9사단 "사물놀이" 구성 및 안무, 1999년 서울예술단 뮤지컬 "뜬쇠" 타악구성 및 재안무, 2001년 서울예술단 가·무·악 "환생" 공동안무, 2002년 서울예술단 가·무·악 "해어화" 음악구성, 2003년 서울예술단 가·무·악 "홍랑" 타악구성, 2003년 성균관대학교 무용과 "타악" 구성 및 안무, 2003년 경희대학교 무용과 "농악" 구성 및 안무, 2003년 서울예술단 가·무·악 "청산별곡" 음악감독, 2004년 서울예술단 가·무·악 "소용돌이" 구성 및 안무, 2004년 정인삼 "춤 나들이" 연출, 2004년 W.C.O 폐막식 "풍물놀이 타악" 구성 및 안무, 2006년 충남도립국악단 "화·고·무" 구성 및 안무, 2006년 서울예술단 가·무·악 "김용배입니다" 타악구성, 2007년 정동극장 상설공연 가·무·악 구성 및 총연출, 2008년 정동극장 상설공연 가·무·악 "미소" 구성 및 총연출, 2009년 정동극장 상설공연 가·무·악 "미소" 프로듀서, 2009년 제90회 전국체육대회 개회식 안무, 2009년 일본동경 공연 혼, 가·무·악 신의 소리춤 재구성 및 안무, 2010년 제91회 전국체육대회 폐회식 안무, 2013년 전남도립국악단 타임머신 안무 겸 연출, 2013년 대전시립무용단 정기공연 안무, 2013년 두리춤터 서한우의 그날 버꾸춤공연 첫 발표, 2013년 한국민속예술제 공연 팀장 겸 전야제 연출, 2015년 광명 해피페스티벌 연출, 서울아리랑축제 버꾸춤 공연 및 음악감독, 어사 "박문수" 뮤지컬 천안시립예술단 예술총감독, 천안시립 흥타령풍물단 제6회 정기공연 "이돌천의 흔적", 창작연희극 "길위에 핀 인연", 창작연희극 "도깨비장터", 음악총체극 "아우네", 연희극 "팔도광대전",

아동극 "아기돼지 꼼꼼이", 창작연희극 "하늘광대" 등이 있다.

2013년 금당도 벅구놀이를 '서한우버꾸춤'으로 재구성하여 무대화 하면서 전 세계로 뻗어 나가며 각광받고 있다. 현재 버꾸춤강습회를 제28차까지 열었으며, 3000여 명의 회원들로 구성되어 있다. 전통예술의 맥을 잇는 국민 버꾸춤으로 사랑받고 있다.

금당 서한우는 천안시립풍물단 예술감독, 한국전통춤협회 부이사장, 우리춤협회 부이사장, 보훈무용예술협회 부이사장, 서한우버꾸춤 이상장으로 재직 중이다. 노래, 춤, 음악이 어우러진 가무악 작품을 만들면서 국내외에서 활발히 활동하고 있다. 이론과 실기를 겸비하고, 여러 장르의 예술을 섭렵하면서 행동으로 실천하는 예술인으로 살아가는 그는 예술행위와 움직임의 표현을 지속적으로 연구하고, 연마하는 예술인으로 살아가고 있다. 진지하고 겸손한 자세로 예술을 사랑하고, 부지런히 뛰는 진정한 예인이다.

김정태

II. 춤추는 예인들　77

전라남도 진도에서 4남 1녀의 셋째로 태어나 평범한 유년시절을 보낸 김정태는 20대 때 처음으로 접했던 풍물의 신명과 흥에 매료되어 오늘에 이른다. 넉넉하지 않은 가정형편에도 그 끈을 놓지 않고 자신의 꿈과 목적을 향하여 끊임없이 배우고 새로운 작품 활동에 매진해 온 결과, 지금의 전통타악 '아작'을 만들게 되었다. 전통타악 '아작'은 년 200회 정도의 국내와 해외를 넘나들면서 우리의 전통과 창작을 알리는데 앞장서고, 지금도 왕성한 활동을 하고 있다. 다양한 장르의 예술가들과 소통한다. 수년간의 공연활동을 통해 그 속에서 자신을 찾고, 문화예술을 자신의 삶에 있어 최고의 가치로 올린다.

익숙해지면 즐기게 되고, 다시 찾게 된다는 사실을 몸소 체험한 그는 지금도 배움과 가르침을 멈추지 않고, 새로운 작품을 만드는데 주력하고 있다. 그 새로운 작품의 뿌리에는 전통이 자리하고 있다. 제주도 상설공연 'wassup in jeju' 총연출, '부평풍물대축제' 개.폐막식, '우리은행 110주년 기념행사' 연출, '국군의 날 60주년' 사물놀이 총연출 등 전국을 아우르는 국내공연과 한국-멕시코 수교 50주년 기념공연, 코스타리카 국제 예술제 초청공연, 상하이 엑스포 기업관 상설공연 등 년 200여 회의 국내공연과 해외공연을 연출하여 다양한 문화예술 현장에서 경험을 쌓았다. 부평풍물대축제 총감독을 역임하였고, 인천 서구구립 풍물단예술감독직을 수행하고 있다.

전통은 지키는것도 중요하지만 지금처럼 새로운 문화가 다양하게 공존하는 시대에선 대중의 눈높이에 맞는 우리의 전통문화가 시급하다. 대중이 외면한 전통을 지키는 것이 아니라 대중이 찾는 시대에 맞는 전통이 중심이 되는 콘텐츠를 만들어 브랜드화 하는 것이 중요하다. 우리 것이니 보는 것이 아니라 재미있어서 보았는데, 그것이 우리 것이었다는 소리를 듣고 싶다.

연희자들의 안일한 생각과 깊이 없는 예술성으로 인해 우리의 전통의 우수성이 제대로 평가 받지 못함과 대중들에게 외면당하고 있는 현실속에서 우리 것이라는 이름만으로 또는 애국심만으로 구걸하듯 우리의 것을 지켜나아가는 것은 아니라고 그는 생각한다. 지금은 우리의 전통을 시대 흐름에 맞게 재창조해 대중의 눈높이에 맞고 트렌드에 맞는 작품을 만들어 대중에게 우리의 전통의 위대함을 심어주고, 우리 것의 위대함에 자부심을 느끼길 희망한다.

최창덕

최창덕은 숭조정신이 남다른 고장으로 알려진 충남 홍성군이다. 공무원 아버지와 한정식·광산업에 종사하면서 모든 면에서 팔방미인이였던 어머니 슬하에 4남 3년 중 막내로 태어났다. 예·의·충·효의 가훈아래 고향에서 초·중·고등교육을 받고, 단국대 불어불문학과, 중앙대 교육대학원 교육대학원에서 무용교육학 석사, 2004년 경기대학교 체육학 박사과정을 수료하였다.

집안의 고조부는 면암 최익현 선생이다. 을미사변으로 봉기한 동학혁명 때문에 집안이 몰락한다. 작은 할아버지와 고모가 창우집단에서 태평소와 판소리를 했다. 이농주 선생과 대금의 한범수 선생과 함께 충청도 호서지방에서 활동했었던 예인집단이다. 이런 집안내력이 최창덕의 예술적 소양에 영향을 준다. 9살 때 친사돈인 한영숙 선생의 전통춤에 매료된 것이 계기가 되어 50여 년간 한국전통춤을 공부하게 된다. 16세부터 박초월 선생께 판소리, 안비취 선생께 경기민요, 조한춘 선생께 경기도당장구를 사사한다. 어머니의 헌신적인 지원아래 홍성과 서울을 오가면서 춤과 소리공부를 게을리하지 않는다. 국무 우봉 이매방 선생 문하에 20대에 입문하여 1995년 국가무형문화재 승무, 2001년 국가무형문화재 살풀이춤 이수자가 됐다.

1982년 국립국악원 주최 제3회 전국국악경연대회 장려상 수상을 시작으로 1988년도 제14회 전주대사습 참방상, 1989년도 동아국악콩쿨 은상, 1992년 전주대사습 장원, 1999년도 제1회 전국전통무용경연대회에서 대통령상 수상의 영광을 안는다. 중앙대학교 석사학위 논문은 「이매방 살풀이춤 동작구조분석-무적도식과 기호도를 중심으로」다. 학술논문으로는 「이매방승무의 춤사위 분석에 대한 고찰-동작구조 및 기호도를 중심으로」, 「충청도 앉은굿" 관한 고찰, 이매방 승무북놀이 리듬채보」 등이 있다. 2003년 우봉이매방춤 보존회 회장과 2005년 우봉이매방춤 전수관 초대관장, 2016년 (사)우리춤협회 이사장을 역임했다. 현재는 우봉이매방춤전수관 서울전수관 관장, (사)우봉이매방춤보존회 부이사장, (사)대한문화예술협회 부이사장으로 활동하고 있다.

대학 강의로는 한국예술종합학교 전통예술원 객원교수(15년), 백제예술전문대무용과 강사, 공주대학교 무용과 강사, 강원대학교 무용학과 강사, 순천향대학교 무용학과 초빙교수, 충남대학교 무용학과 강사, 경희대학교 무용학과 강사, 계명대학교 무용학과 초빙교수로 출강했으며, 현재 전북대 한국음악과에 출강하고 있다.

주요 작품활동으로는 1993년 10월 서울무용제 "한무의 맥" 조안무를 필두로 1995년 "광복 50주년 "소리·짓" 안무, 우봉 이매방 선생과 함께 출연한 1998년 7월 프랑스 아비뇽페스티벌 "한국주간의 밤", 1999년 우봉이매방 춤인생 65주년 입춤 재구성, 2000년도 광복 50주년 멕시코 6개도시 순회공연, 2002년 대통령수상 기념공연 "수류사덕" 안무 및 출연, 2006년 추사 김정희 서거 150주기 기획공연 "붓 천자루 벼루 열개" 안무 및 출연, 대전시립무용단 '살풀이춤' 군무안무 및 출연, 2007년도 일본 요코하마 예술문화진흥재단 "ACD" 프로젝트, 아시아 고전무용제 한국대표 초청 안무 및 출연, 2009년 "나 그대에게 모두 드리리~" 안무 등이다. 또한 단초 최창덕전통춤연구회 제자들과 함께 전통문화의 원류인 가·무·악을 현대인의 관점과 철학적 측면에서 재구성 및 안무 등을 통해 연출자로 끝없는 시도를 하고 있다. "회-한무의 맥 꽃잎 환생되다", 국공립 단체 초청안무 "춘향아씨" 전북도립무용단의 "북소리와 승부", 전남도립예술단 초청 "천·지·인의 향연" 등을 다수의 안무·연출작이 있다. 국내 공연 1000회, 해외공연 40회 출연 및 안무를 했다.

춤의 길은 긍정적인 세계관과 더불어 우주, 자연과의 교감을 위한 고향의 길이다. 그래서 얻어지는 것은 꿈과 희망이다. 대중과 함께 누릴 수 있는 감동의 산물인 예술이란 공기와 같이 신선한 것이라 자부한다. 무대에서 공연하는 것과 객석에서 공연을 즐기는 것이 서로 다른 것이 아님은 전통춤이 곧 우리 역사의 혼이라는 점에서 일체감을 부여한다. 천부경에서 나오는 '일석삼극', '일시무시 일 일종무종일'이라는 말은 춤의 이론적 배경이 된다. 그 이론에서 파생된 전통춤의 움직임은 시간궤적에서 역사의 강물로 흘러간다. 고운 최치원 선생의 저서 〈계원필경〉에 나오는 구절 중 '인백기천사ㅍㄹㄷ'의 정신을 가슴에 새기고 있는 단초 최창덕 명무다.

II. 춤추는 예인들　83

양향진

84 한국전통의 맥 藝人展

외할머니께서 청룡, 황룡이 허리를 감고 올라가는 용꿈을 태몽으로 건네주었다. 용강리 와룡마을에서 1964년 용해에 태어났다.

아버지는 대여섯 살에 홀로 고아가 된지라 맨몸으로 모든 것을 일궈야 했다. 일제 강점기 때 광양 사곡리 본정마을 금광의 한국인 지도자로 계시던 할아버지는 1941년 백중날 새벽에 출근해 수레를 타고 내려가다 미리 흠집 낸 쇠줄이 끊어져 젊은 나이에 돌아가셨다. 어머니는 방앗간집 딸이다. 아버지가 군대를 제대하고, 마을로 돌아왔을 때 외할아버지가 거의 반강제로 혼인을 시켜버렸다. 무뚝뚝했던 아버지는 매구판에서는 천진스러웠다. 아버지가 계시는 굿판을 찾아가 흉내를 내다가 이내 시간 가는줄 모르고 한참을 꽹과리, 북치는 흉내를 냈다. 전견용의 상쇠, 신기역, 장홍주의 장구, 신기동의 버꾸놀음, 강기선의 징, 김건남의 소고, 한용배의 꾀고리(개꼬리)상모를 보고 따라했다. 초등학교 때 학교 도서관에 있는 책을 모조리 읽어버렸다. 해지는 줄도 모르고 늦게까지 어둠속에서 책을 읽기도 했다. 관동마을로 이사를 왔다. 친구 할아버지 차정옥 상쇠께 당산굿을 배웠다. 추명환은 소리를 즐겨하고, 상여소리도 간혹 했다. 상여소리가 일품이었고, 상여소리를 따라 배웠다.

대학교에서 탈춤패 활동을 한다. 재입시를 준비하던 그때 탈춤부흥운동에 뛰어들면서 아예 학교에 눌러앉아 전국의 대학 탈춤패를 두루 돌아다녔다. 극중 배역을 맡기도 하고 악사로 참여하기도 했다. 풍물굿부흥운동에 적극 뛰어들어 전국을 누볐다. 대학교 방학 때 광양에 내려와 우산리 박순기상쇠, 해창마을 홍종태 상쇠와 조우하면서 광양버꾸농악에 더 깊은 관심을 갖게 되었다. 박순기 상쇠는 광양농업고등학교, 광양중학교에서 향교교촌매구(우장농악)를 잠시 지도했다. 그때 따라다니며 진법과 가락을 전수 받았다. 해창마을의 홍종태 상쇠로부터는 가락을 듣고 채보하고, 따라치면서 배웠다. 김봉석 상쇠는 대포수놀음과 간단한 진법을 가르쳐 준다. 그 즈음 광양버꾸놀이보존회를 만들었다. 사설 전수관을 만들고, 농악단을 만들어 지역행사, 공연, 남도문화제, 전국경연대회 등을 다녔다. 광양 관내 면, 읍, 동 버꾸놀이 농악단 꾸리는 일을 했다.

양향진은 우석대학교 토속연구회 '차돌패' 83학번이다. 세차장 아르바이트, 밤무대 밴드생활로 학비를 충당해 대학을 졸업했다. 졸업 후 사회문화패를 이뤄 이곳저곳 강의, 강습을 다녔다. 정악은 국립국악사양성소 출신인 계암 김광일 선생께 사사했다. 김광일 선생의 제자 송효숙과 같이 국악실내악단 섬진강을 만들어 잠시 활동한다.

섬진강과 백운산 자락을 돌며 대나무를 채취해 단소와 대금을 만들어 납품하고, 각 학교를 돌았다. 장구피를 교환하고, 악기수리를 해서 생활했다. 단소, 대금, 피리 만드는 법은 남도국악사 조준석 사장을 찾아다니며 배웠다. 조준석 명장은 친절하게 가르쳐 주었으며, 자리잡기까지 물심으로 많은 후원을 해주었다. 장구, 북, 꽹과리, 징 등 풍물악기를 고치고, 음정 잡는 법은 대한민속국악사 김천식 사장께 배웠다.

그는 광양 백운산 자락에 임야를 매입해서 농업경영체와 임업경영체를 운영하며 임업후계자로 살아간다. 하늘과 통하고, 땅을 울려 사람에 깃든 광양버꾸춤을 춘다. 어차피 인생은 한자락의 춤인지도 모른다. 음악과 춤과 어우러질 판이 있기에 청춘을 다 쏟았고, 삼천번 넘어지고도 다시 일어섰다. 그것이 필연이다. 양향진이 추어내는 버꾸북춤은 이미 세상 모두의 춤이 됐다.

Ⅱ. 춤추는 예인들

최 용

최용은 전남무형문화재 우도농악 전승교육사이며, 전남도립대학교 공연음악과에 출강하고 있다. 예술인들끼리는 잘 단합하지 못한다는 틀을 깨고, 영광지역 14개, 15개 장르(국악, 서예, 시조, 춤, 문학, 미술, 조각, 음악, 도예, 가죽공예, 한지공예 등) 예술단체를 합쳐 2012년에 영광예술위원회를 창립한다. 매년 정기발표회를 하며, 지역 예술인의 화합과 공동창작 활동에 밑거름이 되고 있다. 시각예술과 공연예술이 함께 어우러져 교류하며 후학을 양성하고, 미래세대가 함께 할 수 있는 예술 활동을 해나가는 것은 모범적인 예술 활동이라 할 수 있다.

그는 무형문화재 원형의 전승과 보전뿐만 아니라 전형을 창출하는데 많은 성과를 냈다. 무형문화재의 공연이 대부분 무대나 공연장에서 이루어지고 있다. 그러나 그는 우리 민족의 공동체 문화의 근간인 농악의 뿌리를 찾아 마을로 들어가 25년간 영광마을굿 축제를 진행한다. 3년간(2010~2012) 생활문화공동체 시범사업을 진행하고, 작은 공동체 예술잔치를 진행하며 지역공동체 발전을 도모해 왔다.

최용은 총 2,000회가 넘는 공연을 통해 영광과 우도농악을 전국은 물론 전 세계에 알려왔다. 지방공연은 1,550회, 서울공연은 190회, 해외공연은 59회, 개인발표회는 19회, TV출연은 35회가 넘는다. 국립국악원, 국립민속박물관, 통영시민회관 등 전국에서 공연을 1,550회 이상, 통영시 문화재 통영오광대와 17년 동안 영호남문화품앗이 공연을 진행하였다. 무형문화재 공개행사도 30회를 진행하였다. 다수의 개인발표회 공연을 하였다. 무형문화재인 우도농악 뿐만 아니라 국가무형문화재 법성포단오제의 해외공연(노르웨이, 중국)과 전국공연(통영시민회관, 서울국립민속박물관), 찾아가는 무형문화재(신안 임자도 등) 공연을 통해 법성포단오제의 가치를 새롭게 창조하고 있다. 전남문화재단의 공연장 상주단체 육성지원사업에 선정되어 '농악콘서트'와 '삼현육각콘서트' 외에 '칠산바다 용왕제'라는 작품을 새롭게 창작하여 공연을 하였다.

영광군읍면농악대, 서울시립대학교 외 국내 대학, 관내 초중 고등학교, 다문화센터와 신하정신보건센터, 영광군 11개읍면농악대 연합회 등 매년 수십 개의 단체에서 전수교육을 통해 수많은 전수생을 양성해 왔다. 특히 2000년부터 18년째 매년 해외 문화교류로 노르웨이 하들란드호그스콜레 대학과의 영호남문화교류는 경상도 통영시(통영오광대)와의 품앗이 교류로 문화예술 교류의 가장 모범적인 사례로 손꼽힌다. 노르웨이 학생들이 영광에 와서 장기 체류하며 우도농악을 배우고, 현지 학교에 우도농악 교실을 만들었다. 영호남 지역감정이 심하던 90년대부터 현재까지 문화교류를 통해 지역 화합을 도모하고 있다. 최근에는 전라남도교육청과 함께 무형문화재 전수교육관 활성화 사업을 진행하며, 무형문화재 전수교육관 교육, 전승학교 지정 전수교육, 찾아가는 무형문화재 공연을 하고 있다.

최용은 영광군수로부터 읍면농악대 지도 공로로 표창장(지도자상)을 수상하였다. 25년 동안 마을에 들어가 마을굿 축제(당산제)를 통하여 공동체 발전에 헌신한 공로로 문화체육관광부장관 표창장을 받았다. 법성상업고등학교 학생들을 지도하여 1997년에는 대한민국청소년민속예술제에서 대상인 교육부장관상을 수상하였고, 2012년에는 문화체육부장관상을 수상하였으며, 최근에는 2021년에는 농림축산식품부장관장을 수상하였다. 그 제자들은 전국대학생마당놀이 경연대회 대상, 곡성통일 전국국악경연대회 대상과 담양 전국국악경연대회 대상을 수상하였다.

공옥진창무극 전문인력양성과정을 2013년부터 2015년까지 진행하여 공옥진창무극 전문가를 배출하였다. 매년 발표회와 공연을 지속적으로 진행하고 있다. '이화에 월백하고', '헌화, 너에게 꽃을 바치다', '농악콘서트', '삼현육각 콘서트', 'e-모빌리티 사물놀이', 'K-pop장구' 등의 창작 작품을 공연하였다. 최근에는 국가무형문화재 제123호 법성포단오제보존회 문화재팀장으로 일하며, '단오, 난장트기', '선유놀이-바다 위에 풍류를 띄우다'를 무대공연예술 작품으로 창작하여 공연하였다. 또한 '우도농악'과 관련하여 다수의 학술대회를 진행하고, 논문발표를 하며, 세미나에 참석하고 있다. 연구 관련 공적 활동과 저술

활동을 수행하고 있다. 최근에는 아트체인지 업-영상미디어 제작 사업으로 '관현악으로 빚은 인류무형문화유산 우도농악'을 진행하였다. 이 작품은 상쇠춤, 설장구 등에 맞는 관현악곡을 작곡하여 연주한 것이다.

2000년부터 2023년까지 24년 동안 최용은 우도농악보존회 회장직뿐만 아니라 전수관 관장직도 수행해 왔다. 1993년부터 25년 동안은 신하정신보건센터, 영광노인병원, 영광군 내 노인복지관, 다문화센터, 지역아동보호센터, 그리고 영광군 자원봉사단체 등에서 활동하였다. 150회가 넘는 '신나는 예술여행' 공연을 통해 전국의 사회복지시설, 농산어촌, 읍면동농악대를 찾아다니며 봉사활동을 진행하며 우도농악을 알려왔다. 2010년부터 현재까지는 우도농악보존회를 영광군 재능 나눔 봉사단체로 등록하고, 사회복지시설, 영광군 정신보건센터, 장애인 시설, 병의료원에서 무형문화재 공연과 교육을 통해 예술봉사 활동을 이어가고 있다.

젊고 힘 있는 그가 앞으로도 우리 전통문화와 무형문화재 발전을 위해 더욱 빛나는 미래를 창조해 나갈 것을 믿는다. 우리 민족의 전통예술인으로서 전국뿐만 아니라 세계에까지 명성을 얻고 있는 그의 예술 활동은 공동체 발전을 위해 오랜 세월동안 헌신한 축적된 힘이 있기 때문이다. 우리 무형문화재의 미래를 더욱 발전시켜줄 수 있는 그를 믿는다.

문진수

II. 춤추는 예인들 93

문진수는 남사당·승무·발탈·영광우도농악 등 4개 무형문화재의 이수자이며, 전라북도무형문화재 제12호 악기장(북, 장구) 전수자다. 그는 30여 년간 전통예술을 연마하면서 무용학 박사까지 마쳤고, 최우수 박사학위 논문상을 수상하기도 했다. 문무를 겸비한 무용가이자 안무가로 알려져 있다. '연희춤꾼 문진수'는 시대를 앞서 간다. 연희라는 분야는 친숙한 듯하면서도 낯설게 느껴진다. 그는 이를 현대적으로 수용해 재해석하고 새롭게 되살려냈다.

전통 연희꾼들은 대부분 어린 시절부터 연희를 즐길 수 있는 환경이 있었다. 부모 형제, 친인척이나 동네 어른 등 어깨너머로 이들의 활동을 보면서 악가무를 접한다. 하지만 문진수의 집안에는 따로 예능과 관련된 분들이 없다. 그가 처음 풍물과 탈춤을 접한 것은 고등학교 시절 동아리와 야학 교사 활동을 하면서다. 이때 풍물극이라는 것을 알게 되었고, 작은 공연을 올리게 된 것이 연희를 접한 시기다. 고등학교 시절 초파일 행사에서 풍물의 진법을 토대로 〈연등무〉라는 작품을 올리기도 했다.

늦은 시작도 그렇지만 그의 이력은 독특하다. 문진수의 원래 전공은 컴퓨터와 관련된 전자계산과다. 20대 초반에 대전에서 활동하던 권번 출신 김윤(본명 김효순) 선생에게 한국무용을 처음 배웠다. 이후 들어간 보존회라는 틀은 패밀리즘과 사제지간으로 끈끈하게 뭉쳐 있었다. 그러한 시선과 시스템은 그의 근성을 건드렸고, 현재까지 그 근성을 토대로 버텨오며 활발한 활동을 이어오고 있다. "하다 보니 그렇게 되었다"고 겸손하게 얘기하지만 그는 늘 부족함을 채우기 위해 부단히 노력했다. 학부부터 다시 시작했다. 늘 연희의 주된 움직임과 부족함은 춤이라 여겼기에 무용을 전공하게 되었으며, 박사학위까지 받았다.

20대 초반, 교방에서 활동하셨던 김윤(실명: 김효순) 선생에게 한국무용과 소리 등을 처음 배우면서 입춤, 검무, 한량무, 살풀이, 승무, 민요, 해금 등을 학습했다. 김윤 선생에게 학습하는 동안 광주에서 3년 정도 오가며 공부했다. 호남검무의 임순자 선생과 양태옥 선생에게 검무와 진도북춤 등을 배운다. 진도의 박관용 선생에게 진도북놀이 등을 사사했다. 이후 이매방류 이수자 신재자 선생에게 이매방류 입춤, 한량무, 살풀이, 승무 등을, 조희열 선생에게 도살풀이춤 등을 학습했다. 또한 남사당 보유자인 故 박용태 선생을 모시는 30여 년 동안 정기적으로 버나놀이와 덧뵈기, 덜미 등을 배웠다. 남사당의 남기수 선생을 모시고 사는 동안에는 남사당 연희를 심화하고 확장하는 계기가 된다. 2000년 초에는 무용가 정명자 선생의 추천으로 발탈보존회에 들어가게 되었고, 발탈 보유자 박정임 선생께 이동안류 재인청 기본무, 팔박무, 신칼대신무, 소리, 장단, 재담 등을 학습한다. 대전광역시 무형문화재 송재섭(법우스님) 선생에게는 입춤, 한량무, 살풀이 승무 등을 학습했고, 승무를 이수했다. 보존회 등의 전수(풍물, 탈춤, 무용 등) 시스템을 통해 다양한 선생님들에게 사사했다.

남사당놀이의 살판에는 "잘 하면 살판이요, 못하면 죽을 판이다"라는 말이 있다. 잘하기 위해서는 자격을 갖추어야 하고, 격과 예를 갖춰야 한다. 또한 좋은 작품을 만들 수 있는 능력도 있어야 한다. 문진수가 바라보는 연희나 전통예술은 전승 시스템에 묶여 꼼짝 못 하는 것처럼 보인다. 살판을 만들기 위해서는 남과 같아서도, 남보다 못해도 잘 살 수가 없다. 죽을 판을 가지고 살라니 살 수가 없는 것이다. 공연하기 위해 티켓을 팔고, 무대에 서는 순간 가장 무섭고 두려운 것은 관객이듯 그들을 공감시키고 박수를 이끌고 티켓을 사서 후회 없도록 하려면 죽을 판이 아닌 살판을 만들어 내야 한다. 그가 남사당에서 선생님을 모시고 함께 사는 동안 가장 많이 들었던 말은 "잘하는 것이 남사당이다"라고 한다. 보존회에 소속된 사람만이 남사당이 아니라 잘하는 놈 하나가 남사당이라는 의미다.

문진수는 2021년과 2022년에 걸쳐 개인공연을 가졌다. 2023년에는 크고 작은 7개의 연희춤을 창작, 공연했다. 자신의 브랜드 출시 기념공연을 진행하면서 전통의 재창조, 공연의 브랜드화를 이뤄내고자 한 것이다. 그는 자신의 공연을 통해 '춤꾼들의 춤 선생'이라는 이름도 얻었고, 2021년 〈연희춤꾼 The 문진수_무천舞天〉에서 쇠춤·소고춤·설장구·12발 상모춤까지 연희 4종목 전통작품을 재창작 및 재구성해 선보였다. '연희춤꾼_The 문진수'라는 브랜드는 마술하면 데

이비드 카퍼필드, 사물놀이는 김덕수라는 브랜드처럼 한국 전통 연희분야 중 춤 분야에 예술성을 더해서 대한민국 연희분야 춤꾼 중에 최고라는 자부심의 발로다. 기존에 존재하지 않았던 '연희 춤' 분야를 탄생시키고 알리자는 의미이자 상징성을 지닌 공연이다. 이는 평단의 평가다.

2022년 〈화엄_광대무변〉은 '광대 소고춤' 재현에 이어 '남사당 버나놀이 15과장' 재현 및 재창조를 추구하는 공연이었다. 그동안의 버나놀이는 남사당놀이의 한 종목임에도 불구하고 풍물놀이 공연에 부속된 형태로 공연되는 경우가 많았다. 이에 故 민속학자 심우성 선생의 이론과 인터뷰, 남사당 선생의 증언과 학습을 토대로 재담과 기예를 복원하고 창작함으로써 버나놀이를 하나의 공연예술 장르로 완성했다. 돌리기 기술과 각 과장마다 특유의 연희 춤을 융합하여 전통연희의 수준과 품격을 보여주고자 의도했다. 전체 36마당 중에서 15과장으로 추려 발표했다. 관객들의 재미와 이해를 돕고자 스토리텔링화 했다.

'문진수류 버나놀이(춤)'의 재담은 단지 연희의 설명에 그치지 않고, 민중 지향적 예인집단이었던 남사당놀이패의 전통을 살려서 전복과 도발, 민초들의 삶을 살피고 위로하는 따뜻한 사설들로 이루어져 있는 특징이 있다. 문진수는 이를 살려, 버나놀이 자체만으로 품격 있고 아름다운 예술작품으로 재탄생시키고자 했다. 여기에 이진경 작가의 소박하고 아름다운 미술작품을 무대배경으로 사용해 미술과 남사당놀이의 융합을 시도한 성공적인 융복합 공연이다.

2023년 7개의 창작 작품 중에서 〈검사위에 백사〉는 '아시아 1인극제' 개막 초청작으로 열두발상모(춤) 연희에서 보여지는 한정된 기예와 제약에서 벗어나 미학적인 가치와 몸짓의 예술성, 시대의 정신을 담으려는 그의 재창조 노력의 산물 產物로 지금까지의 열두발 연희와 구별되는 독특한 위상을 보여줬다. 열두발 상모를 매개로 하고 있지만 다양한 연희와 춤을 연계하여 동시대의 짙은 정치 풍자와 해학으로 답답한 세태에 부응하는 요즘 보기 힘든 속 시원한 공연이다. 이는 하나의 공연예술 작품으로서 그의 '열두발 상모춤' 만으로도 아름답고 충만하지만 예술적 가치를 보여줌과 동시에 전통예술의 토대에 시대적인 정신을 융합한 작품으로 재창조해 예술이 지닌 창조적, 사회적 가치를 깊이 깨닫게 한다. 〈산왕대신기〉는 '계룡산 국제춤축제' 오프닝 초청작으로 굿을 모티브로 연희에 내재된 다양한 장르(춤, 소리, 재담, 기예 등) 등을 선보인 대작이다. 현실의 삶을 연희로 녹여내고 관객과 소통하면서 부정한 것을 정화한다. 인간의 삶과 희망을 대변하여 하늘로 전하고 기원하는 진정한 제祭와 굿의 의미를 실연實演하여 자연과 삶 속에 녹여내고자 하는 의도를 담고 있다.

문진수는 춤에 대해 무척이나 사색적이다. 전통을 바탕으로 재해석한다는 것은 많은 고민과 실천이 필요하다고 생각한다. 단지 작품을 재구성하고 재창작하는 것이 아니라 전통에 담긴 가치와 철학을 작품에 어떻게 녹이고 현대적으로 수용하느냐에 대한 물음이다. 또한 작품을 새롭게 해석하고 재창조하는 과정으로 전통의 변용과 현대적 요소의 수용 및 새로운 전통을 창조하는 것들의 유기적인 방식으로 볼 수 있다.

연희는 꾸준히 시대적 패러다임을 수용해오고 있다. 사물놀이도 남사당의 사랑방 풍물에서 출발했듯이 과거의 또랑 광대와 같은 소리꾼들의 등장도 마찬가지다. 맹목적 답습이 아닌 현대적 삶을 녹여내고 우려내는 오늘의 상황이기도 하다. 과거의 예스러운 멋과 현대적인 새로움이 함께 어우러지는 것이다. 자신이 전통을 지키는 것이 아니라 전통이 자신을 지켜주는 것이다. 문진수가 보는 연희에 대한 철학은 명확하다. "전통은 내가 지키는 것이 아니라 전통이 나를 지켜준다", "가장 한국적인 것이 가장 세계적이다". 그러기에 그가 생각하는 전통은 무한한 보고라 할 수 있다.

문진수는 2021년에 대한민국 연희춤협회(한국 연희춤협회)를 조직했다. 전국 16개 지역에 지부와 지회가 개설됐다. 해외에도 지부가 만들어졌는데 조직의 부피보다는 좋은 작품을 만들고, 좋은 공연을 올리는 것이 그의 목표다. 그는 주변의 도움에 감사하고, 이를 즐길 줄 안다. 늘 주변의 도움으로 함께 성장하고 발전하고 있는 것을 느끼며, 부모와 스승, 동료들과 주변에서 끊임없이 관심을 주시는 모든 분께 고개숙여 감사할 줄 아는 인성을 지녔다. 그는 "십 년 적공에

장원나고, 백 년 적공에 광대 난다"는 말처럼, 오랜 수련과 노력을 요구하는 광대를 소중히 여기는 우리가 되어주길 진심으로 바란다.

문진수의 'The 문진수'는 30여 년간 인간문화재 스승들에게 배운 한국예술을 기반으로 트렌드에 맞게 현대인이 즐길 수 있도록 창작·제작한 여러 작품들을 통칭하는 브랜드다. 브랜드라는 것이 만들기는 쉽지만 성공시키기는 힘든 현실이다. 그럼에도 그는 다양한 시도를 통해 성공의 길을 걷고 있다. 문진수의 성공에는 전통에 담긴 가치와 철학을 작품에 녹여내고 현대적으로 수용하는데 대한 진지한 사고와 철학, 현재의 흐름에 맞는 재창작에 대한 도전정신, 겸손함과 감사함을 아는 인간성, 30여 년을 꾸준하게 이어온 진득함 등 여러 요소가 복합적으로 작용한다. 특히 연희춤을 바탕으로 '연희춤꾼'으로 기억되고 싶은 문진수의 앞으로의 행보는 이 분야의 최고로서 찰리 채플린을 꿈꾸는 원대한 꿈의 실현과정이 될 것이다.

Ⅱ. 춤추는 예인들   99

정주미

춤꾼 정주미는 자신의 춤길만으로도 재인청의 춤을 가장 바르고 제대로 전수하고 있는 인물이다. 열 살 앳된 어린 소녀가 만났던 춤은 그녀를 50년이 넘는 세월 동안 과천에서 터를 잡고 춤을 출 수 있도록 이끌어 왔다. 부모의 반대에도 불구하고 무용과를 진학한 것은 그렇다 손치더라도 문예창작과를 거쳐 국어국문학과를 졸업한 이력이며, 경제학과를 전공한 적도 있다. 연극배우에다 우리 소리와 춤 장단, 가야금까지 그의 행적은 경이로울 정도다.

우리춤을 향한 끊임없는 여정에서 그는 우리춤 공연 최초로 해설이 있는 무대를 마련한다. 그의 이력에 가장 독보적인 점은 그가 섭렵한 우리춤의 종류에 있다. 정주미는 공식적으로는 이매방 선생의 승무, 살풀이춤과 김수악 선생의 진주교방굿거리춤, 이동안 선생의 태평무 이수자 내지는 전수자다. 여기에 진주·호남·평양의 검무, 김천흥 선생께 무산향과 춘앵전을 공부했으며, 학춤, 북춤, 입춤, 장고춤, 삼고무, 등을 비롯해 재인청춤의 정수인 팔박타령춤, 엇중몰이신 칼대신무, 진쇠춤 등 셀 수 없을 우리춤들을 익힌 춤꾼이다.

2002년 우면당에서 '정주미 춤추러 간다'로 우리 춤판의 대표적인 세 계보의 춤을 한꺼번에 무대에 올리는 역사적 사건을 감행한다. 그 당시에는 한 춤꾼이 여러 계보의 춤을 추는 것만으로도 놀라운 사건이다. 여기에 더해 이 춤판을 통해 서로 다른 다양한 춤을 익혀 나름대로의 느낌을 만들어 내고, 느낌의 저편에서 살아 움직이는 정신의 실체에 하나의 가교를 위한 노력의 결실을 보여준다. 그 정신을 '재인청'이라 칭할 수 있다.

재인청춤을 만난 것은 그의 평생 소명이자 운명이다. 일찍이 매료되었던 팔박기본무가 우연이었다면, 그 우연의 주인공을 찾아 이동안 선생님의 춤을 배우고, 운명의 마지막 제자로 남게 된 것이다. 선생의 부음 소식을 듣고 달려온 그는 마지막 산소를 갈 때 상복을 입고 따라 나선다. 정주미 춤꾼이 재인청춤의 상주가 되었다 할 수 있다.

2004년 10월 25일, 경기문화재단 다산홀에서 펼쳐진 1인 춤판에서 재인청춤을 춘다. 재인청은 태생적 측면만으로도 그저 한 줄기 계보가 아닌 거대한 우리 춤의 본류다. 재인청으로 인해 수많은 계보의 춤들이 모아졌고, 또 수많은 계보가 갈라져 이 땅 곳곳을 적시고 있다는 사실이다. 재인청 춤은 우리 민족 공유의 정서와 미학을 담고 있기 때문에 우리춤의 보존과 전승이라는 차원을 넘어 앞으로 우리가 지향해야 할 바를 가르쳐 준다. '자기 춤'을 출 수 있도록 길을 안내하는 동행의 춤이다.

재인청 춤 장단의 근간은 경기 무악을 비롯해 계면과 우조가 조화롭게 구성되어 있다. 재인청춤의 수호자 정주미는 재인청춤은 역학적 안배가 중요해 필수적으로 학생들에게는 발레를 익히게 한다. 그는 굿판에서 30년은 두들겨야 제 맛을 낼 수 있다는 진쇠장단을 위해 쏟은 노력과 정성이 2004년부터 정기공연으로 무대에 올린 '재인청 춤판'이다. 거듭하면서 완성도를 높이고 있다.

1992년 이동안 선생을 찾아 본격적으로 재인청 춤을 만났던 정주미는 1998년 중앙대학교 대학원 무용교육과 석사논문으로 '이동안 춤 세계 연구'로 학위를 취득한다. 같은 해 제48회 개천예술제 국악경연대회에서 스승 김수악 선생의 '진주교방굿거리춤'으로 대상을 차지한다. 2002년 첫 개인공연 '정주미 춤추러 간다'는 공연은 우리 전통무용계에 신선한 충격을 주었다. 이 공연은 공연명의 선언적 의미처럼 매우 도전적이다. 공연 레퍼토리 또한 이동안 선생의 재인청류 춤, 김수악 선생의 진주교방굿거리춤, 이매방 승무, 진도북춤까지 무대에 올린다.

첫 개인춤판과 다산홀 공연이 소문이 나면서 선한 영향력이 발휘된다. 2006년 '한국춤백년-한국춤의 전통을 이어온 20세기 예인들'(글·사진 정범태, 눈빛)에 수록된다. 2010년 '2009 대한민국을 빛낸 자랑스런 인물대상 국악(한국무용) 부문' 수상과 '한민족문화예술대상 젊은작가상 한국무용 부문' 수상의 영예를 안는다. 2004년 이전의 기획공연은 모두 34회로 우리춤의 다양성을 무대에 올린 것이라면, 2004년부터 20년간 수행한 기획공연들은 철저히 재인청춤의 전승과 재인청춤을 기반으로 한 보편화, 일반화 과정이다.

정주미 춤꾼은 2022년, '재인청 춤꾼 이동안-수난의 시대를 살다 간 한 춤꾼의 포괄적인 초상'(진인진)을 출간한다. 스페인의 춤을 세계적 반열에 올려놓은 '스페인 볼레로'와 우리춤의 콜라보 무대인 '태평볼레로'는 시선을 끌기에 충분하다. 재인청춤들의 분해와 조립의 절차를 거듭한다. 재인청춤에는 반복의 메커니즘이 크게 두 축으로 작동되고 있다. 마치 지구의 자전과 공전과 같은 반복의 원리다. 반복되는 우리의 일상은 자연의 순리와 연결된다. 정주미는 반복으로 변화를 만드는 자연의 섭리를 춤의 언어로 가장 잘 녹여낸 집단이 재인청 광대들이라 주장한다. 재인청춤의 계승과 전승, 변화의 중심에 그가 있다.

변지연

부모의 영향으로 예술과 철학적 환경이 있는 가정에서 감성이 풍부한 아이로 자라났다. 춤은 자연스럽게 어머니의 환경에서 접하게 되었으며, 미술에 대한 재능과 조예가 깊어 그림을 배웠다. 데생을 통해 조화의 미를 알게 되었다. 우연한 기회에 그림은 무용으로 바뀌었으며, 무용은 변지연의 삶에 당위며 목적이며 길이 된다.

철학을 전공하고 교장이 된 아버지와 무용을 전공하고 교수가 된 어머니의 영향으로 예술과 철학은 삶이었다. 1남 2녀중 막내딸로 태어나 부모와 형제들의 사랑을 받으며. 종교, 예술, 춤에 관한 전반적인 학문의 멘토가 되어주신 부모의 영향으로 생각이 담긴 춤을 출 수 있었다.

인간문화재인 어머니의 영향으로 춤의 세계는 어떠한 학문의 분야보다 깊고 노력을 해야 하는 분야인지도 몸소 체험했다. 아버지는 무용가들의 저서를 통해 미적가치를 깨우쳐야 하며, 춤의 학문적 토대를 다져야 한다고 늘 말씀하셨다. 자식의 공연을 리허설부터 한 작품도 빠짐없이 지켜보셨다. 그 사랑으로 제자나 춤에 관한 열정을 사랑으로 베풀 줄 아는 사람이 되어 가고 싶고, 지금도 그 사랑을 지켜나고자 한다.

故 정재만 선생으로부터 승무, 살풀이를 전수 받았다. 작품은 28세에 처녀작을 발표한 뒤, 매년 빠지지 않고 개인공연을 하였다. 해가 지나면서 춤은 진실되고, 관객에게 카타르시스를 가져주어야 하며, 무엇보다 중요한 것은 사랑이라는 사실을 깨달았다. 춤을 사랑하고 함께 작품을 하는 사람을 사랑하고, 그 작품을 사랑하는 것이야 말로 가장 아름다운 춤의 삶을 살 수 있는 것이라는 생각한다.

학창시절을 돌이켜보면 조용하고 내성적인 성격이였지만 친구들을 잘 이해해주었다. 리더십이 있다는 말을 많이 들었다. 참 행복한 시절이었다. 부산대학교에서 무용을 전공해 1987년 엄옥자를 통해 살풀이춤과 승전무를 사사 받았다. 1989년 정재만 선생에게 승무, 살풀이, 태평무를, 1992년 김숙자로부터 도살풀이춤을 사사받았다. 1994년 김백봉 선생 산조, 부채춤, 보살춤을 사사받으며 전통춤의 예술적 역량을 키워나갔다. 28세에 첫 개인발표회를 열었다. 지금까지 52회의 개인공연으로 꾸준히 활동하고 있다. 주요안무작으로는 향, 고목, 어화등등 춤이여라, 토우, 부산포로맨스 할미꽃, 홀로아리랑, 본어게인, 어진가 어진이의 노래, 소유, 아름다운 여행 '비밀의 화원', 젖은 수첩을 토하다, Mark, 모방된 시간, 색을 훔치다, 봉황되어 춤추리, 무무, 원향의 향기를 따라서, 독, 윤회를 담은 항아리, 칼의 노래를 넘어서, 천상의 무희, 빼앗긴 뜰에도 봄은 오는가, 맥, 사랑, 삼인삼색, 꿈, 모혼, 진노의 불길, 항아리Ⅲ, 춤추는 무희, 청자항아리, 그래도 1%의 희망이 있다면, 이브, 항아리, 겨울나무, 먹이사슬, 환상을 쫓는 사람들 등 다양하다. 2000년 전국전통예술경연대회 대통령상 수상 등 여러 수상을 통해 춤꾼으로서의 입지를 다진다.

살풀이춤을 사사한 이후, 교육현장과 공연현장을 넘나들며 춤을 보급하고 전수하며, 엄옥자 선생과 함께 살풀이춤 연구를 지속하고 있다. 부산, 영남지역에서의 살풀이춤, 칼춤, 북춤의 보급을 강구하며, 열의있는 제자들과 함께 부산을 중심으로 한 무용연구회(연무회; 1985년 결성. 부산대학교 사범대학을 중심으로 무용을 연구하는 단체) 소속되어 연희와 연구를 게을리 하지 않고 있다.

1994년부터 현재까지 민간 개인단체 무용단 예술감독을 맡고 있으며, 총 54회 기획공연을 하였다. 2010년부터 미르소극장을 운영하며, 인접예술의 경계를 허물었다. 장르간의 만남을 통해 공간예술의 새로운 체험의 장을 제공하였다. 1994년부터 현재까지 개인단체 무용단 MIR dancecompany 예술감독을 맡고 있으며, 총 54회 기획공연과 주요안무작 및 연출작 60여 편으로 꾸준히 활동한다. 국가지정문화재 제21호 승전무에 36년간 종사하면서 현재 국가무형문화재 승전무 이수자, 승전무보존회 본부 이사와 부산지부장을 역임하고 있다. 원향춤보존회회장으로 서울지부, 대구지부, 통영지부를 두고 200여 명이 넘는 무용예술인들과 함께하고 있다.

부산, 경남지역 문화의 모태를 찾아내어 시민들에게 한국의 춤을 보여주고자한다. 춤을 통한 시민문화예술은 대한민국을 넘어 아시아와 세계와 소통할 것이다. 한국을 알리는 브랜드를 만들어 제작기획 할 예정이다. 공연을 접한 사람들이 한국 전통춤의 표본을 깊이 알도록 할 것이다. 가장 한국다운 아름다운 춤을 포스트모던 시대에 재발견해낼 것이며, 함께하는 무용예술인들 한 명 한 명의 개인 기량, 형태 모든 것을 잘 파악한 뒤 작품에 완전 몰입할 수 있는 상황을 만들고자 한다. 협업과 신뢰를 통해 각자에게 가장 알맞은 것을 발견하고, 성장시켜 개인기량과 전체기량을 만들어 가며, 관객이 깊이 매료될 수 있는 춤 무대를 통해 가장 아름다운 미적 경험을 만들 수 있도록 노력할 것이다.

이루기 위한 계획은 철저한 계획만이 완성된 결과를 보일 수 있다. 인적자원과 충분한 대화를 통해 가장 아름다운 역대의 작품을 만들어 나가고 싶다. 철학적 사유를 할 수 있게 예술혼을 공유 할 것이다. 부산, 경남이 성장하는데 이바지 하며, 서로 신뢰하여 시간을 구성하고, 찰나를 완성하며, 시간을 영원의 순간으로 만들고자 한다. 순간의 모든 행위가 예술이며, 참이며, 진실이다. 변지연은 모든 역량과 경험을 가동시켜 최선을 다하는 무용가다.

정용진

1977년 6월, 당시 국립무용단의 남·여 수석무용수로 활약하던 정재만과 박순자의 장남으로 서울 중구 묵정동에서 태어났다. 어려서부터 어머니가 운영하던 무용학원을 통해 자연스럽게 한국무용을 접하게 되었고, 수많은 아버지의 공연을 보면서 무대가 전혀 낯설지 않았다. 명절이면 아버지와 함께 한영숙 선생님 댁을 방문해 인사를 드렸다. 중학교에 들어오면서 갑자기 대금이 하고 싶어졌다. 아버지께 말씀드렸더니 그길로 국립국악원에 계시던 김응서 선생님을 소개해 주셨다. 그때부터 정악 대금을 시작하게 된다. 1990년 중학교 1학년 여름, 프랑스 〈마르띠크〉에서 세계민속무용페스티벌이 열린다는 소식을 들었다. 당시 숙명여자대학교 무용과 교수였던 아버지의 단체가 한국 대표로 참가하게 되었다. 태극기를 들고 행렬 맨 앞에 서서 30여 명의 무용단원들을 이끌고, 외국인들의 박수갈채를 받으며 걸어간다는 것은 지금 생각해도 가슴 설렌다. 한국으로 돌아오자마자 무용을 시작하고 싶다고 부모님께 말씀드렸더니 그냥 한번 해보라고 하셨다. 그 후부터 아버지를 따라 1주일에 5번씩 매일 새벽 6시에 무용 연습을 하고, 바로 학교에 갔다. 기본동작을 익히자 아버지는 바로 〈승무〉 완판을 가르쳐 주셨다. 아버지께서는 "승무가 최고의 춤이고, 나중에 진정한 매력을 알게 될 것이다"라고 말씀하셨다. 그렇게 나의 무용 인생은 승무와 함께 시작되었다. 국립국악고등학교에 진학한다. 고등학교 3년이 내 무용 인생의 황금기였다. 춤의 기반을 다지는 밑거름이 됐다. 이후 서울예술전문대를 지원하게 되었다. 훗날 또 하나의 나를 완성 시키는 큰 계기가 된다.

1996년 〈내림춤판〉이라는 큰 공연을 통해 '4대 벽사'라는 타이틀을 얻기도 하였다. '1.0.1 원오원'이라는 6인조 남성 댄스그룹을 통해 방송·연예계도 진출했다. 신인콩쿨에서 〈길〉이란 작품을 통해 특상을 수상해 군 면제 혜택도 받게 되었다. 상명대 3학년 편입 후, 한국 창작무용그룹 〈MusA〉를 결성해 수많은 공연도 직접 연출·안무하며, 대중성 있는 작품 활동에 전념한다. 이후 대학 졸업과 동시에 숙명여자대학교 전통문화예술대학원에 진학하면서 전통무용의 진정한 멋과 독특한 호흡을 더욱 자세히 배울 수 있었다. 승무에 더욱 매진하였다.

2003년 6월 29일, '제5회 전국 전통무용 경연대회'에서 승무로 〈대통령상〉을 수상한다. 아버지와 '108승무'(108명이 추는 승무)를 기획하여 승무의 장엄함과 웅장함을 표현하기도 했다. 전통무용의 소중함과 그것을 이어가야 한다는 사명감으로 정용진의 춤 인생은 그렇게 흘러간다. 세계문화 교류의 중요성과 필요성을 느끼고, 중국 유학길에 오른다. 1년여 동안 북경무용학원에서 중국 학생들과 생활하면서 여러 중국 춤을 배우고, 한국춤을 가르쳤다. 2006년에는 세종대학교에서 무용학 박사학위를 취득했다.

어린 시절 사람들의 환호가 그리워 시작한 무용이 지금은 큰 과제를 안겨준다. 문화재 전승은 분명 이루어져야 한다. 이를 통해 사명감을 가지고, 춤을 올바르게 계승·발전시켜야 한다고 생각한다. 2014년 타계한 아버지의 예술정신과 춤의 정통성을 이어 지금은 '벽사춤'과 '벽사 정재만춤 보존회'를 이끌고 있다. 서울, 대전, 천안, 청주, 화성, 익산에 벽사춤 지부를 두고, 벽사의 이수자, 전수자, 전승반 회원들과 함께 한결같은 마음으로 벽사^{碧史}류 춤의 정립과 발전에 힘쓰고 있다. 앞으로도 한성준-한영숙-정재만-정용진으로 4대 째 이어지는 벽사류 춤의 정통성과 진통성을 근간으로 최선을 다하고자 한다. 벽사류 춤의 세계화와 대중화에 앞장설 것이며, 품격있는 승무의 정통성을 지켜나갈 것이다.

Ⅱ. 춤추는 예인들

권영심

1970년 강원도 태백의 작은 산골마을 통리에서 대가족의 막내로 태어나 초등학교 5학년 봄 서울로 유학을 왔다. 태백선 기차가 서울 청량리역에 도착하여 난생 처음 수많은 사람들이 출입구를 통해 쏟아져 나오던 광경에 놀라 꼼짝 못하고, 그 자리에서 펑펑 울었던 그날. 왕방울 눈이 더 동그래졌던 그날을 잊을 수 없다.

촌에서 상경한 그의 서울살이는 종로 한복판 사직동에서 시작된다. 어려서부터 어머니의 정선아라리와 양산도 가락을 들으며 춤 보다는 전통음악에 귀가 열려 있었다. 어머니는 살아 생전 어른들이 국악을 시작도 못하게 하셨다며 아쉬워 하였고, 우연히 전통춤을 시작하던 중학교 3학년 즈음에 자연스럽게 후원인이 되어주었다. 적극적인 격려로 대학에서 무용을 전공하고, 대학원에서 음악학 석사와 무용학 박사를 취득할수 있게 뒷바라지를 해주셨다.

무용을 처음 시작하던 때부터 임이조 선생을 첫 스승으로 만났고, 내가 대학 1학년이 돼 둘째 언니와 임이조 선생은 결혼해 가족이 되었다. 대학을 졸업하고, 스승을 도와 연습실 지도위원을 하며, 중학교 무용 선생, 예고 선생으로 줄곧 어려서 꿈꾸던 학교 선생으로 생활했다. 선생과 수많은 작품과 강습을 하였다.

서울사대부중에 근무를 시작하며 임이조 선생의 권유로 1996년부터 마포에서 우봉 이매방 선생께 승무, 살풀이춤, 입춤, 보렴승무, 검무, 삼고무, 장고춤 등 우봉 선생의 춤공부를 시작한다. 2002년 살풀이춤을 이수하고, 우봉 선생 작고 후 2016년 승무를 이수를 하였다. 1996년 신촌 봉원사 범음대학에서 송암 스님께 범음범패를 공부하며, 무용에 대한 이해를 확장했다.

권영심의 춤공부는 학교에서 학생들을 지도하며, 좀더 자세한 춤의 이해를 돕기 위한 학문 탐구적 접근이다. 스승 선운 임이조 선생의 조언과 격려가 없었더라면 전통춤을 긍정적으로 접근하고 해석하는 안목을 갖지 못했을 것이다. 2013년 11월, 갑작스럽게 임이조 선생께서 급성 패렴으로 작고 하고, 무어라 형언 할 수 없는 상황에 보존회 회장으로 선운 임이조춤 보존회 지부를 확장하고, 스승의 자료와 유품을 정리하는 일에 집중하였다. 2023년 임이조 선생이 작고하신지 10년이 되었고, 매년 추모와 헌정의 무대를 통해 유작을 펼치고 있다.

 스승은 당신의 스승이신 우봉 이매방 선생을 찾아 뵙고, 춤의 뿌리와 춤의 원리에 대해서 단순 순서 익힘이 아닌 춤이 나오기까지의 환경을 직접 보고 느끼게 하였다. 선운의 많은 유작들이 오래도록 후대에 전달되고, 그 속에서 우리의 전통무용을 모법으로 깊이 내면화 해 또 다른 아름다운 춤으로 승화되길 바란다. 비단 춤의 외형뿐 아니라 내면적으로 한국의 고유한 멋과 정서를 관통해야 가능한 경지라 할 수 있다.

Ⅱ. 춤추는 예인들

고명구

고명구는 1961년 익산에서 부친 고현섭과 모친 진영애 사이에 2남 3녀 중 장녀로 태어났다. 이리중앙초, 이리여중, 이리여고를 거쳐 원광대학교 사범대학 무용교육과를 1회로 졸업한다. 지금의 부군 김성만과 1986년에 결혼해 1남 1녀의 자녀를 두고 있다.

집안이 조그마한 사업을 하다보니 부모가 사업에 메달리게 되어 자연스레 할머니 슬하에서 유아 및 어린 시절을 보내게 됐다. 할머니 손에 이끌려 6세에 박영대 선생이 운영하는 무용교습소에 입문해 무용을 시작하게 되어 지금까지 55년 세월 속 춤은 인생의 일부가 되어버렸다.

중고등학교 무용부 특기자로 한국무용, 발레, 현대무용을 모두 배울 수 있는 계기가 되었으며, 한국무용은 최선 선생, 금파 선생, 발레는 광주까지 다니면서 엄영자 선생께 배우면서 학창 시절을 보냈다. 대학교 입시를 앞둔 시점 원광대학교 사범대학에 무용교육과가 신설되어 대학시험을 익산에서 편히 치룰 수 있게 되었다. 대학시험은 한국무용이 전공이었으나 실기시험을 발레로 응시했다. 입학 후 한국무용을 전공한다. 대학교 3학년 때 전공을 현대무용으로 바꿔 1984년에 졸업한다.

1997년 전주에 고명구무용학원을 개원하여 본격적으로 후학들을 지도하기 시작했다. 이때 충남대학교에서 최현 선생 강습회가 있어 참석한 후, 그 춤에 반해 더 배우고 싶다는 욕망을 가지고 일주일에 한번 서울로 상경하여 최현 선생에게 '비상'을 4년간 지도 받는다. 이 때가 한국무용을 체계적으로 배울 수 있는 발판이 된 시기다. 2000년 청주대학교 박재희 교수께서 하는 새암무용단 강습회를 간다. 강습을 마치고, 강습회 참석하신 전국의 몇몇 선생들과 벽파춤연구회를 결성하게 된다. 이때 호남지역에서는 혼자 연구회에서 활동을 한다. 한영숙 선생의 승무, 살풀이춤, 태평무를 박재희 선생께 열심히 배우면서 공연을 하였다.

2002년 원광대학교 한국무용 이길주 교수께 연구회를 만들어 봄이 좋을 것 같다고 건의하여 원광대학교 졸업생을 주축으로 '호남춤연구회'를 결성하게 된 것이 오늘날 '호남산조춤보존회'의 전신이 되었다. 호남춤연구회 결성을 계기로 지금까지 회장을 맡고 있다. 2013년 이길주 교수께서 전라북도무형문화재 제47호 호남산조춤 보유자로 지정된다. 고명구는 2017년에 제1호 이수자가 된다. 2012년에는 전라북도무형문화재 제15호 호남살풀이춤 이수를 하였다.

1999년 원광대학교 졸업생으로 구성된 원광MOTIVE 창단공연을 전주 삼성문화회관에서 하면서 '비상'을 선보이면서 공연활동을 시작했다. 지금까지 개인공연 18회를 하였다. 국내공연은 총 153회, 해외공연은 7회에 걸쳐 공연을 했다.

익산무용협회가 1988년에 창립되면서 회원으로 활동을 시작하다가 1994년부터 임원인 부지부장으로 활동을 한다. 2003년 지부장으로 선출되어 지금까지 지부장으로, 익산무용계의 수장으로 활동하고 있다. 지부장으로 재직하면서 모든 활동 및 계획들은 익산무용협회 회원들과 협의하면서 진행했다. 전라북도 5개 지부 중 가장 투명하고 회원들의 협조를 받아 운영하는 지부로 회원들이 자부심을 갖게 하였다. 2003년부터 사랑의 춤 공연을 통한 관객들의 모금은 결식학생들에게 많지는 않지만 모금액을 전달하는 등의 사업을 2016년까지 14회를 진행했다. 2009년 제1회 서동춤전국제전을 개최하여 2022년까지 총 14회를 마쳤다. 이 대회는 전라북도 5개 지부 중 처음으로 시작했다. 2014년 제6회 대회부터는 종합대상에 일반부는 국회의장상, 학생부는 교육부 장관상을 수여하는 전국대회의 큰 규모를 갖추게 된다.

2004년 무용학원을 운영하면서 전라북도학원연합회에 무용분과가 없어 무용학원이 기타분과에 속해 많은 고초를 격고 있음을 알고, 30여 명의 원장님들을 설득해 전라북도무용학원연합회를 결성했다. 6년간 회장직을 맡아 무용학원들의 많은 어려움들을 해결하였고, 전라북도무용학원연합회 주최로 전국학생무용경연대회를 2005년부터 개최해 지금까지 이어지고 있다.

주요 경력을 들자면, 고명구무용학원을 전주와 충남 대천에서 운영했다. 전라북도학원연합회 무용분과 위원장(2004-2010), 원광보건대학교 평생교육원 한국무용 교수(2010-2012), 백제예술대학 외래교수(2011-2013), 원광대학교평생교육원 교수(2013-2015), (사)호남산조춤보존회 회장(2014-현재), (사)한국전통춤협회 이사(2017-현재), 익산예술의전당 운영위원(2015-현재), (재)익산문화관광재단 이사(2018-현재), (사)대한무용협회 익산시지부 지부장(2003-현재), 익산시체조협회 회장(2021-현재), 고명구 춤익재 대표 등이다. 전라북도 예술상(2017), 한국예총예술문화상 대상(2017), 전북무용발전 대상(2020) 등을 수상하였다.

전라북도는 익산, 김제, 부안을 중심으로 펼쳐진 만경평야를 기점으로 한 농경문화의 번창으로 정치적, 문화적 중심지였다. 조선왕조의 발원지로 이 지역 사람들은 스스로를 멋과 흥의 심미안을 지닌 예술적 기질이 농후한 사람들로 저명한 춤꾼과 소리꾼들을 배출한 지역이다. 전라감영이 전주에 있어 옛부터 예향의 지역이라 불린다. 전주부에 교방과 장학청이 존재하였으며, 민속춤과 음악도 발달해 수많은 예인들을 배출한 고장이다. 이러한 전북은 전국에서 가장 많은 지방문화재 무용종목 지정과 보유자를 인정하고 있으나 지금까지도 무형문화재 무용종목을 위한 통합전수관 하나 없어 안타까울 뿐이다. 차후 전주에 문화재를 위한 무용 통합전수관을 설립 할 수 있도록 무용인들과 함께 추진해 전통예술의 위상을 강화하고자 하는 바람이다. 무용을 하면서 자신과 싸움도 많이 하였으나 결과적으로는 다시 무용 속에 자신의 삶이 들어가 있음을 알 수 있었다. 새로운 뭔가에 도전하고 싶은 생각이 들어 2년제 실버복지상담과 과정을 졸업했다. 그 과정에서 많은 자격증을 취득해 새로운 삶에 도전하고자 한다.

남선희

남선희는 1971년 부산에서 태어났다. 작곡가였던 부친의 주변에 예술가들이 많았고, 부산에서 주로 활동하였던 한국무용가 강남기 선생의 권유로 9살 무렵 한국무용을 배우기 시작하였다. 10세(1980년)에 진주로 이주하게 되어 부친의 오랜 인연인 김수악 선생의 제자로 입문했다. 진주초등학교, 진주여자중학교, 삼현여자고등학교에 다니며, 김수악 선생에게 가야금을 배우기 시작하여 성금련류 가야금산조와 가야금병창을 배웠다. 춤으로는 〈살풀이춤〉, 〈진주검무〉, 〈진주교방굿거리춤〉 등을 사사했다. 김수악 선생에게 배운 검무는 1967년 무형문화재로 지정당시와 같이 목이 꺾이는 칼을 썼으며, 현재 진주검무와는 무구가 다르다. 이런 이유로 현재는 김수악 선생의 구음장단을 반주음악으로 쓰는 〈김수악류 구음검무〉로 명칭을 쓰고 있다.

초등학교 시절 당시 서울에서 활동하며 김수악 선생에게 춤을 배우고 있었던 송화영 선생에게 춤을 배우게 되었다. 고등학교를 졸업할 무렵까지 진주와 서울을 오가며, 여러 민속춤과 궁중무용을 습득하였다. 청주에 있는 서원대학교 무용학과에 진학하면서 1991년 서울에서 활동한 임이조 선생을 만나 10여 년 간 한국, 미국, 일본 등 국내외에서 활발한 공연활동을 하였다.

1997년 진주교방굿거리춤이 경남무형문화재 제21호로 지정이 되고, 2002년 진주교방굿거리춤 1기 이수자가 되었다. 2000년 제2회 전국전통무용경연대회에서 진주교방굿거리춤으로 문화관광부장관상을 수상하였다. 2002년부터 2009년 김수악 선생이 타계할 때까지 春堂 김수악전통예술보존회 본관과 경상국립대학교 민속무용학과 강의 실기조교를 맡았다. 2008년 김수악 선생의 생전 마지막공연인 진주교방굿거리춤 공개발표회에서 김수악 선생의 장단에 맞춰 살풀이춤을 추었다. 이 공연이 김수악 선생과의 마지막 공연이 되었다. 2006년 송화영 선생이 타계하기 전 푸른버들예악원 대표직을 넘겨받아 송화영 선생의 마지막 공연을 함께 개최하였다. 이후 진주를 중심으로 활동하며, 2024년 현재 46주년 정기무대까지 이어가고 있다.

2010년 경상국립대학교에서 '김수악의 진주교방굿거리춤 연구'로 석사학위,

2014년 '춘당 김수악 춤의 전승 양상'으로 박사학위를 취득하였다. 2010년부터 경상국립대학교에서 진주교방굿거리춤과 김수악류 진주살풀이춤 등을 강의하고 있다. 경상국립대학교 강의를 하던 중 함께 강의를 하던 이매방류 살풀이춤 명예보유자 김정녀를 만나 이매방류 살풀이춤을 배우고, 진주에서 세 차례 김정녀 살풀이춤 강습회를 개최하기도 하였다.

남선희는 현재 푸른버들예악원 대표와 경상국립대학교 민속예술무용학과 외래교수로 후학을 양성하고 있다. 매년 푸른버들예악원 정기무대와 개인공연, 국내외 문화예술 교류 등 활발한 공연활동을 하고 있다. 매년 2회의 진주교방굿거리춤 정기연수회를 개최하고, 진주시전통예술회관에서 진주교방굿거리춤 전승교육을 하며, '춘당 김수악전통춤 전승회'를 이끌며 김수악 선생과 송화영 선생을 비롯한 여러 선생에게 사사한 전통춤을 올곧게 계승하고 발전시키고자 노력하는 춤꾼이다.

김효정

경북 도리원이란 작은 시골에서 태어난 김효원은 그 당시 무용학원을 하고 계시던 백년욱 선생께 처음으로 춤을 시각한다. 5살 즈음으로 부모와 대구로 이사하여 지금까지 활동하고 있다. 어린 시절 멋모르고 시작한 춤이 지금 돌이켜보면 그의 인생이 되었다.

대학에서 장유경 교수를 만나고 가르침을 받았다. 대학시절 심적으로 힘들어 할 때 냉정하지만 뜨겁게 마음을 주신적이 여러번 있어 늘 감사한 마음이 크다. 백년욱 선생과 장유경 교수께 감사의 말씀을 올린다. 김효정의 세 번째 스승은 윤종곤 날뫼북춤 보유자다. 현장공연을 통해 많은 공연 노하우와 자신감, 즉흥적으로 창작하고 공연할 수 있는 배짱, 무엇보다 날뫼 보존회에서 준 신뢰 덕분에 세상 밖에서 춤을 안전하게 출 수 있었다. 네 번째 스승은 일공스님이다. 바라춤을 접하고, 그 춤에 매료되어 춤추고 살수있게 따뜻하고 넉넉하신 마음으로 가르침주셨다. 최근까지는 진주검무 보존회에 소속되어 진주검무 공부를 하였다. 모든 공부는 많은 시간과 노력을 반드시 필요로 한다. 소중한 가치에 부족함을 많이 느낀다. 많은 슬럼프가 있었지만 오늘도 그냥 춤 춘다. 전통무용, 창작무용, 불교무용, 농악, 사물놀이 등 뒤돌아보니 많은 것들이 함께 했다.

계명대학교에서 무용을 전공하고, 예술대학원을 졸업했다. 일공스님께 불교무용을 사사했다. 대구시무형문화재 제2호 날뫼북춤이수자이며, 국가무형문화재 제21호 전수자, 김효정 국악무용원 원장으로 활동하고 있다. 김효정 무용발표회를 3회까지 열었다. 태국로이크라통축제, 부산국제무용제 초청공연, 가야대학교 문화교류전 초청공연, 국가무형문화재 초청공연, 예원무용단 대만 초청공연, 진주논개제 공연, 서울놀이마당 날뫼북춤 공연, 서울 공감M아트센터 공연, 문화재제전, 아이넷명무촬영 등 많은 공연을 하였다.

앞으로도 지금껏처럼 계속 춤출 수 있기를 기도한다. 변하지 않는 마음으로 한결같게 살 수 있기를 다시 한번 다짐한다. 왜 우물안에서 나오지 못할까를 수없이 고민할 때 손 내밀어준 김용철, 김진희, 송미숙 선생께 감사드린다.

Ⅱ. 춤추는 예인들

조은성

조은성은 1965년 김제에서 태어났다. 맷돌 돌리는 소리에도 반응하며, 몸을 움직이던 아이가 무용이 9살에 처음 어머니의 권유로 무용에 입문한다. 학교무용을 시작으로 진로가 선택되어 무용교사, 안무가, 무용가로 성장하게 되었다.

11살에 故 금파 김조균(전라북도 무형문화재 제17호 한량춤 보유자) 선생과 제자이면서 부인인 故 김숙(전 전라북도 무용협회 지회장) 선생의 사랑받는 제자로 금파 무용생활 20년 공연(1976년)을 시작으로 금파춤보존회 전통무용공연 출연과 故 김숙 노제와 49제에 〈호적구음살풀이춤〉으로 추모 행사에 참여하면서 정자선, 정형인-금파 류의 맥을 이어가고 있다.

전라북도 무형문화재 제15호 호남살풀이춤, 동초수건춤 보유자 최선 선생, 제47호 호남산조춤 보유자 이길주 선생의 제자, 이수자로 이추월-최선-이길주 류의 맥을 이어간다. 특히 1982년 원광대학교 무용과 주관 예능교실에 입문하면서 이길주 교수의 제자로 이길주 개인발표회, 대한민국무용제제6회 〈고려장〉, 제7회 〈어져 내일이여〉, 제9회 〈검정고무신〉, 제11회 〈인당수 푸른물은〉 등의 대작에 출현했다. 시 아카데미 후원 '시와 무용의 만남' 기획공연 출연으로 안무능력까지 인정받고 있다.

1997년 김제 벽골제이야기를 소재로 한 〈큰 어미 단야〉 공연을 시작으로 김제지역 전통예술에 국한하지 않고, 예술창작활동 및 전통무용과 현대예술과의 접목 등을 시도하고 있다. 자칫 지루해지고 외면받을 수 있는 전통예술에 대한 고정관념을 없애고, 한국무용의 뿌리를 내리고자 남녀노소 누구나 한국무용을 접해보고 다양한 무대 경험을 하려는 무용에 관심 있는 일반인, 전공인 모두 함께 할 수 있는 생활예술의 정착화와 문화 소외계층과 김제지역 주민들의 문화 증진에 기여하고 있다. 지역축제 참여 등으로 김제무용의 밑거름을 마련하기 위한 방안으로 수강생들을 모아 2015년부터 현재까지 매년 지속적인 강습회 및 특강 등을 실시하고 있다.

김제아리랑춤연구회 안무가로서 〈김제아리랑춤〉 지도와 아리무용단, 차오름

청소년무용단 〈부채춤〉, 김제무용단, 춤나래 단체를 만들었다. 강습회, 특강 및 공연 발표회를 지도한다. 〈호남살풀이춤〉, 〈동초수건춤〉, 〈입춤〉, 〈굿거리춤〉, 〈호적구음살풀이춤〉, 〈검무〉, 〈장구춤〉, 〈선비춤〉, 〈지평선아리랑〉, 〈풍류〉 등 무용을 알리면서 조은성의 춤으로 김제무용의 뿌리가 되고, 그 춤맥을 이어가게끔 춤의 역사를 만들어가고 있다.

1990년 3월부터 현재 만경여고 교사로 재직하는 동안 수많은 청소년들에게 전통예술의 소중함과 보존 가치에 대해 일깨워주며, 전통예술활동을 지원하고 지도하던 중 체계적인 활동을 위하여 본격적으로 2013년부터 김제청소년 문화존(동아리) 활동을 시작으로 청소년무용단을 운영한다. 한국전통무용과 창작무용 및 댄스활동을 지원하여 청소년들의 문화공연 추진 및 무용경연대회를 참가하며, 평소 갈고닦은 재능을 발휘할 수 있도록 꾸준히 지도하며 후진 양성에 힘쓰고 있다.

김제지역 선인들의 예혼과 지혜를 이어 받아 자칫 사라질 수 있는 소중한 문화유산인 흥과 멋을 계승, 발전시키고자 2015년 김제지역에 거주하는 전공자, 전통춤에 관심있는 비전공자 등을 영입하여 조은성 무용단을 창단하였다. 무용단을 통해 김제 지평선 축하공연과 김제예술제 축하공연, 전라예술제(김제예총 대표 출연) 등의 활동을 통하여 김제지역 예술을 적극적으로 알림과 동시에 전통춤의 체계적인 전승, 보존의 소중함을 간직하며 발전시키기 위해 교육활동에 전념하고 있다.

언제나 청춘, 은퇴 후 맞이하는 노후를 한국전통무용이라는 취미활동을 통하여 단순한 여가생활을 넘어 평소 갈고닦은 실력을 무대를 통해 보여주기 위해 단체-춤나래를 운영하면서 김제지역행사, 봉사, 무용경연대회(2020년, 2021년 샤이니스타를 찾아라) 등에 참여했다. 어르신들 개개인의 꿈을 실현시켜, 건강하고 행복한 인생을 보내실 수 있도록 최선을 다해 지도하며 동행하고 있다.

정미심

어릴적 무용을 만난 것은 큰 행운이라 생각한다. 다리는 안짱이 심하고, 언어 능력도 현저히 떨어지던 나에게 성남무용학원은 어쩌면 정미심에게 운명이라 할 수 있다. 처음으로 움직였던 춤사위, 작은 사회단체 속에서 즐거움을 찾아가고, 한국무용의 여러 장르들을 익힌다. 춤 공부를 열심히 했고, 친구들을 만나게 된다. 원장의 죽음으로 학원을 떠나고, 예고로 전향하게 된다. 예고란 올라설 수 없는 큰 도전이었지만 운좋게도 합격하게 된다.

서울친구들은 역시 엘리트였다. 그 속에서 어떻게 이겨낼까 했으나 춤만 열심히 추는 방법을 찾았고, 새벽부터 밤까지 춤을 추었다. 노력의 결과를 인정받게 되면서 중요한 자리와 공연들을 하게 되고, '춤꾼이 되고 싶다'라는 꿈을 꾼다. 서울친구들은 좀 못미더워했지만 엘리트 속에서 서서히 커가며, 한국예술종합학교를 입학하게 된다.

대학교에 합격하면 모든 것이 편할 줄 알았다. 매일 연습하며, 더 큰 곳으로 가기 위한 준비를 한다. 키가 작은 친구들은 교육자, 연출가, 기획자를 지원하고, 키가 큰 친구들은 댄서가 되기 위해 준비한다. 키가 크지도 얼굴이 이쁘지도 않지만 춤이 좋아서 무용단을 준비했다. 인천시립무용단에 입단해 댄서의 길을 걸었다. 무대는 자신의 의지와 상관없이 공연을 매일 할 수 있게 되었고, 춤을 추면서 다른 사람들을 알게 되었다. 정미심의 20대는 무용단을 끝으로, 예술단에서 만난 남편을 끝으로 마무리 지어진다.

결혼을 하면서 나에게는 또 한번의 새로운 길이 생긴다. 인천시립합창단 단원인 남편을 통해 합창단 안무를 배워가며, 다양한 합창단의 안무가로 6년 넘게 근무하게 된다. 그 속에서 한국무용뿐만 아니라 다양한 춤을 합창에 접목시키고, 대중을 위해 재밌게 가는 방법들을 알게 되고, 소통의 방법들을 찾아가게 되었다. 안산에서 안무가로 재직하며, 안산시장상도 수상하게 된다. 안무가 기쁨보다는 책임감으로 다가오던 중 다시 한번 무용수에 대한 미련들이 나를 무대에 서게 하는 기적 같은 일들이 생긴다.

무용의 창작수명은 나이가 들면 사실 굉장히 힘들다. 20대 친구들만큼 뛸 수 없다는 것도 알고 있지만 무대를 포기할 수 없기에 40이 되기 전까지 무조건 많은 공연을 해보자는 자신과의 약속을 위해 m극장이라는 작은 무대에서 다시 한 번 공연을 했다. 공연과 동시에 상을 수상하게 된다. 창작의 재미를 느껴보게 되었다. 수상은 다시 열심히 하라는 보약과 같았다. 열심히 활동하던 중 이력들도 많이 생기게 되고, 교육자, 무용가라는 타이틀도 얻게 되었다.

긴 시간을 쌓아가고 모으면서 무게를 감당해가라라는 스승의 말씀을 듣고, 그 동안의 많은 경험들이 인생의 노하우가 된다. 어떤 일들이 기다리고 있는 줄은 모르겠지만 제자들과 소통하며 나아가고 싶다. 예술가는 항상 어렵고, 정확한 직장이라 표현하기가 어렵다. 자신이 가는 무용이라는 것은 함께 나아가는 예술이다. 마음을 다스리는 무용이다. 혼자만 잘해서 감당하라는 식의 공연이 아니라 교육적으로 정확하게 어필할 수 있는 복합적 통합예술을 창조해나가는 교육을 위해 더욱 노력할 것이다.

김진희

II. 춤추는 예인들

김진희는 초, 중학교 무용반에서 무용가의 꿈을 키워나간다. 자연스럽게 고등학교도 대구의 경북예술고학교로 진학해 무용에 대한 열정과 실력을 쌓는다. 대학 졸업 후 창작안무가를 꿈꾸며, 안무와 연출, 무대의 전반적인 지식을 습득하고자 일본으로 향한다. 오사카예술대학 무대예술학과에 진학해 편입한다. 석사 졸업 후, 박사과정을 수료했다. 일본에서 13년간 공부하면서 외국인 최초로 '오사카 무대예술신인상(무용부문)'을 수상했다. 군에이여자대학 강사를 역임한 그는 일본 문화청 해외예술가 연구원으로 장학금을 받으며, 고베 이마오카 현대무용단에 소속되어 연출 공부 및 창작활동을 병행한다.

일본에 공연하러 온 故 임이조 선생과의 인연으로 전통춤에 입문한다. 학업을 마치고 귀국한 김진희는 임이조 선생께서 당시 서울시무용단 단장으로 활동하는 시기에 선생의 공연기획 일을 도와드리며, 전통춤도 본격적으로 학습한다. 스승 임이조의 타계 후, 황희연 선생을 통해 진도북춤이 지닌 신명의 경지를 경험하며, 기품있는 춤세계를 배운다. 강성민 선생에게 사사한 살풀이춤은 전통춤의 깊고 다양한 예술세계와 예인정신을 배울 수 있는 기회를 제공했다.

현재는 故 최희선 선생의 제자이자 조카인 최미나 달구벌입춤보존회 회장을 사사하고 있다. 그는 달구벌입춤보존회 부회장으로서 대구, 서울을 넘나들며 공연, 강습회 등을 기획하며 활동하고 있다. 또한 국가무형문화재 제27호 승무 전수자로서 채상묵 승무 보유자를 사사하고 있다.

김진희는 부단한 춤학습을 토대로 실연과 기획을 넘나든다. 시댄스 SIDance 전통춤마켓 '명무에서 新명무로'를 2021년부터 2023년까지 기획 및 프로그램 디렉터로 활동해 역량을 인정받았다. 서울, 대구 등 여러 지역을 오가며, 후진양성과 무용 활동을 이어가고 있는 열정과 진심의 무용가다.

이해원

II. 춤추는 예인들　143

이해원은 1976년, 경기도에서 출생 후 4살 때 가족이 어머니의 고향 전라북도 군산으로 이사를 오면서 군산에서 초, 중, 고의 학창시절을 보낸다. 기다란 체형과 작은 얼굴을 가진 딸의 모습이 예뻐 보였던 어머니는 피겨를 시키고 싶었지만 작은 도시 군산에서는 배울 수 있는 곳도 없었고, 정보도 없던 상황에서 10살에 무용에 입문시키게 된다. 군산의 故 최은정 최옥규 선생님께 입문하여 한국무용과 발레, 현대무용을 배우게 되며 최은정 선생의 전공에 따라 초등학교 3학년부터 고등학교 3학년 때까지 한국창작무용을 수학하게 된다. 전북대학교 무용학과에 입학해 당시 지도교수이자 현재도 스승인 장인숙 선생께 김백봉류의 신무용, 창작무용, 전통춤을 배우게 된다. 스승의 맥을 이어 춤꾼과 안무가의 길로 접어들게 된다. 스승의 스승인 전라북도무형문화재 제15호 호남살풀이춤 보유자이신 최선 선생께 호남살풀이춤과 동초수건춤을 이수 받으며, 전통춤의 깊이를 알아가게 된다.

춤 인생에서 가장 영향을 준 분은 현재의 스승인 장인숙 선생이다. 언제나 제자에 대한 무한한 애정과 사랑을 주며, 생각하는 것에 한 발 더 용기를 주시는 분이다. 지금까시도 스승과는 춤의 사제관계, 삶의 사제관계를 이어가고 있다. 스승이 준 용기로 대학교를 갓 졸업하고, 20대 중반 나이에 석사과정 시절 동아무용콩쿨과 신인무용콩쿨을 연이어나가게 된다. 20대 중반의 나이는 동아무용콩쿨과 신인무용콩쿨에서는 상당히 나이가 있는 참가자로서 부담도 있었다. 지방대학에서의 도전이였지만 스승은 용기를 주었고, 나중에 후회하는게 싫어 도전하게 된다. 동아무용콩쿨 예선에서 5명 안의 본선에 들게 된 벽보를 보며, 리틀엔젤스 극장을 세 계단씩 뛰어 내려왔던 너무 오랜 기억이 밀려온다. 스승의 제자 본선 진출 자랑으로 많은 분들이 본선에 와서 긴장감이 더해졌다. 사시나무 떨듯 엄청 떨며, 춤 췄던 기억이 있다. 춤 인생에 있어서 그렇게 떨어본 적은 없다. 결국 동아무용콩쿨에서는 수상하지 못했지만 그해 가을에 신인무용콩쿨에서 수석상을 수상하게 되었다.

그 후 스승의 추천을 시작으로 서울의 소극장 안무가전을 시작하게 된다. 전주와 서울을 비롯하여 서울무용제 소극장 경연, SCF서울국제안무페스티벌 등 여러 안무가전에 참여하며, 스승곁에서 배웠던 안무법을 기본으로 점점 자신만의 안무법과 춤세계를 찾아가게 된다.

2006년에 이해원무용단 아움을 창단해 이해원무용단 아움이 추구하는 무용세계와 춤 철학이 담긴 작품을 매회 신작으로 발표하고 있다. 전통춤 입문에 있어서는 전라북도무형문화재 제15호 호남살풀이춤을 이수받으면서 시작된다. 전통춤에 있어서도 보유자이신 최선 선생과 스승 장인숙 선생의 춤사위를 많이 담고 있으며, 배움을 계속하고 있다.

시간이 더해 감에 따라 전통춤에 대한 자세와 힘의 빠짐과 무게를 느낀다. '아움'이라는 단체의 이름을 만들 때 신무용, 창작무용, 전통춤을 아우른다는 의미를 담은 것처럼 오늘도 신무용, 창작무용, 전통춤에 매진하고 있다.

Ⅱ. 춤추는 예인들

강미선

강미선은 경북 봉화 출생으로 학창시절 황무봉무용학원에 입문하면서 본격적인 무용공부를 시작했다. 부산대학교 예술대학 무용학과에 입학해서 덕원 이윤자 선생으로부터 '듬·점·쉼'의 정신, 호흡을 중심으로 한영숙류 승무, 살풀이, 태평무 등을 배웠다.

1986년 서울예술단에 입단하여 故 한영숙 선생, 故 김천흥 선생, 故 최현 선생, 故 정재만 선생, 국수호 선생 등 무용계의 큰 어른들께 가르침을 받은 춤꾼으로서 크나큰 행운의 시간을 가졌다. 이에 머무르지 않고, 1995년 부산에서 무용연구소를 개원하여 제자들을 가르치며, 자신의 춤 공부를 위해 故 이현자 선생, 김은희 선생, 최창덕 선생을 모시고 춤 공부를 계속하였다. 부산과 서울, 해외를 넘나들며 지전춤, 부산진춤, 동래고무, 동래검무, 승무, 살풀이, 태평무, 산조춤 등을 선보였다.

전통춤에 대해 계속해서 정진하면서 춤의 호흡과 결, 그리고 디딤의 연동을 인지하게 된다. 춤에 대해 조금 더 알게 되었다고 생각이 들 때, 그 동안의 배움들을 후배들과 제자들에게 나누어주고 싶어 '강미선 춤·결 무용단'이라는 울타리를 만들었다. 후배와 제자들이 시행착오를 줄이고, 조금이라도 빨리 자리잡을 수 있기를 바라는 마음과 춤이라는 길에 막막한 순간이 왔을 때 언제든 찾아와 기댈 수 있는 좋은 울타리가 되고자 하는 마음이다.

춤을 연구하는 순간과 무대 위에 선 매 순간 최선을 다 했지만 더 잘 추고 싶다라는 갈증이 있기에 나이가 든 지금도 영남춤의 명무이신 김진홍 선생과 김온경 선생께 춤을 배우고 있다. 춤의 완성도를 높이고, 깊이를 더하기 위해 김청만 선생께 장단공부를 시작했으며, 소리공부도 시작하였다.

춤이라는 길에 들어선 매 순간 배우고 익히고, 춤추고의 반복으로 살아왔다. 앞으로도 계속해서 그럴 것이다. 언젠가 무대위에 서서 조명이 켜지는 그 순간부터 온전히 춤에만 몰입하는 그런 자유의 순간, 무아지경을 경험하고 싶다. 그 순간을 위해 지금도 일신우일신 앞으로 나아가는 중이다.

유일상

152 한국전통의 맥 藝人展

유일상은 1962년 충북 청주 옥산 몽단에서 출생했다. 한국방송통신대학교 교육과 졸업 후, 진주교육대학교 교육대학원 석사를 마쳤다. 1992년 충청북도무형문화재 제1호 청주농악 故 이종환 무형문화재의 제자로 입문하여 청주농악을 이수한다. 충북무형문화재 제11호 진천 용봉리 이정수 무형문화재의 이수자이기도 하다. 충청북도 전통 민속학자와 국악강사, 고려대학교 민속연구원으로 활동한다. 충청북도 생활음악 다듬이질 발굴과 자장가와 노동요, 진천 농다리 돌축성 발굴 및 농다리 행사에서의 재현, 민속경연대회 출전까지 이뤄냈다. 청주 까치내 상여소리 발굴 및 재현, SBS테마스페셜, 충북의 소리, CBS청주방송, 국악방송 등에 출연한 바 있다.

1994년부터 충청북도 전통음악, 농악놀이를 청주, 음성, 보은, 옥천, 증평, 진천 등 6개 시군에서 연출, 지도, 교육하고 있다. 충북민속경연대회 25회 출전해 대상 등 다수의 수상을 했다. 전국민속경연대회 15회 출전해 청주농악 국무총리상을 수상했다. 1996년부터 충북관내 사물놀이, 풍물놀이, 대북, 태평소 강사를 시작으로 초등 36개 학교, 중등 57개 학교에서 사물놀이 및 난타를 지도하고 있다. 학교에서의 국악교육방법은 기본적으로 학생들 눈높이에 맞는 맞춤형 교육이며, 개인지도 위주의 개인기량 향상 위주의 교육보다는 단체지도를 우선적으로 교육한다. 장단과 가락이 어울려 함께 소통하며, 연주할 수 있는 작품 구성을 중심으로 지도한다.

2005년 청주대학교 국악과 외부강사, 주성대학교 청소년과 외부강사, 청주대학교 평생교육원 국악지도사 개설 책임강사로 충청북도 국악교육자 800여 명을 양성했다. 평생교육사로서 교육부 주최 전국평생학습대회 일반부 충청북도 대표로 13회 출전했다. 한국전통예술협회 충북지회장, 충북무형문화재 제1호 청주농악 이수자, 충청북도 국악강사, 한국국악교육원 충북총국 원장, 충북 국악협회농악분과 위원장 역임, 청주예총 부회장, 청주대학교 평생교육원 강사 등으로 활발하게 활동하고 있다. 찾아가는 문화활동, 충북지역특성화 문화예술교육 지원사업, 충북문화예술육성지원사업 등 여러 보조금사업을 운영하고 있다. 그는 청명국악예술단장으로 국내공연 1010회, 해외공연 20회, 교육과 공연 등 국악보국을 위해 매진하고 있다.

정도겸

정도겸은 (사)한국전통춤협회 천안시지부장으로 지역내에서 활발한 활동을 하고 있는 전통무용가다. 천안시의 무용 인구 저변확대와 올바른 전통춤 보급과 함께 다양한 전통공연 기획으로 볼거리를 제공하고 있다. 불우한 이웃과 소외계층에게 공연 수익금과 생필품 등 기부 행사를 하고 있으며, 문화예술이 꽃피는 천안을 만들기 위해 끊임없는 노력을 하고 있다. 무엇보다 전통춤의 근본을 찾아 맥을 잇고, 발전적 공감을 통한 올바른 전승으로, 천안시의 전통예술과 우리 춤의 발전과 후학양성이라는 방향성을 지향하며 활동하고 있다.

천안시지부는 2020년에 창립해 〈2021 천안전통춤문화제-화용월태花容月態〉라는 타이틀로 천안시 성환문화회관 대공연장에서 창립식 및 창단공연을 성황리에 마쳤다. 2022년에는 〈2022 충남전통춤문화제-구색具色〉이라는 타이틀로 천안예술의전당 소극장에서 공연을 성료하였다. 2023년 10월 20일 〈2023 천안전통춤문화제-도솔지무兜率之舞〉라는 천안의 옛 지명 '도솔'이라는 타이틀로 천안 전통춤의 근본을 찾아 그 맥을 이어가고자 하는 바람으로 우리지역에서 전통춤문화제 공연을 올렸다. 위 공연들은 모두 천안 정서에 맞게 각기 다른 색깔과 전통춤의 향기로 이루어진 춤 작품들을 선정하해 천안시민들을 위한 공연이었다.

정도겸은 오랜시간에 거쳐 연구하며 학습하고 복원하고 있는 천안지역의 춤이 '화축교방입무'다. 2021년도부터 '화축華祝'이라는 타이틀로 공연한 적이 있다. 화축華祝은 '찬란함을 기원하다'라는 의미를 담고 있으며, 2022년도에는 화축지무華祝之舞라는 주제로 공연을 올렸다. '화축華祝'은 '화봉삼축華封三祝'의 의미로 경사스러운 일을 기리어 축하한다는 뜻이다. 삼축三祝 즉, 세 가지 축복은 장수, 부귀, 자손 번성의 세 가지다. 중국 고대의 요임금에게 축하한 고사에서 유래한다. 이 공연들은 천안시민들이 모두 삼축三祝의 축복을 받으시길 기원하며 기획한 공연이다. 두 공연의 대표적인 작품 화축교방입무華祝敎坊立舞는 천안현의 관아에 객사로 건립된 천안을 대표할 수 있는 화축관華祝館의 화축의 명칭을 이어받아 추어지는 입무(또는 입춤)다. 화축관은 임진왜란 직후인 1602년에 건축되었으며, 왕이 남쪽에 출타했을 때 머물던 조선의 별궁이다. 예로부터 관아에는 관기 官妓를 배치하였고, 관아의 연회 등에 참여하여 가무악을 담당하였다. 문묘제를 지낼때는 무고, 승무, 이화무, 한량무 등을 추고, 시조와 가사 등도 불러 연회를 베풀게 하였다. 조선의 별궁이었던 화축관에서도 이와 같은 연회가 자주 연행되었다는 기록이 있다. 화축교방입무는 천안 관아의 관기들이 추었던 춤으로 전통 기녀들의 화사한 복식과 트레머리를 갖추고, 관기의 품위를 나타내는 매화가 그려진 부채를 들고 추는 춤이다. 입무 장단으로는 염불장단, 굿거리장단, 자진모리장단 등이 사용된다. 느린 듯 완만하고, 정중동의 움직임과 기녀의 품격과 품위가 잘 드러난 우아미가 돋보이는 춤으로 독무 형식을 갖추고 있다.

천안시민들을 위해 시·도 매칭 기획공연을 올렸다. 공연의 주제가 도솔지무 兜率之舞다. 도솔은 고려시대 이전 천안의 옛 지명이다. 천안은 동도솔과 서도솔로 나눠져 있었고, 태조 왕건은 동도솔과 서도솔을 합쳐 천안부를 설치하였다. 2023년 천안은 1963년 1월 1일, 천안읍과 환성면이 통합되면서 천안시로 승격된지 60년을 맞이했다. 도솔지무 兜率之舞는 천안의 도솔이라는 지명으로 역사적으로 이어지는 '하늘도, 땅도, 사람도 편안한 곳', '하늘 아래 편안한 도시'라는 의미를 담고 있다. 전동문화예술이 살아 숨 쉬는 예술의 도시가 되길 소망하며, 천안 전통춤의 근본을 찾아 그 맥을 이어가고자 하는 바람이다. 이 공연은 전통춤을 잘 모르시거나 흔히 관람할 기회가 없었던 천안시민들을 위해 천안 정서에 맞게 각기 다른 색깔과 전통춤의 향기로 이루어진 춤 작품에 우리춤의 은은한 화려함과 고즈넉한 정취가 깃들 수 있다.

천안은 문화예술이 살아 숨 쉬는 지역이다. 정도겸은 2018년도부터 매해 천안에서 전통춤 공연을 개최하여 천안시민들에게 전통춤을 알리기 위해 노력한다. 김구 선생은 어려운 일제강점기에도 『백범일지』에 우리문화에 대해 '우리나라가 부강한 나라가 되기보다는 문화가 있는 아름다운 나라가 되기를 원한다'고 하였다. 정도겸 또한 천안이 넉넉한 복지와 문화예술이 꽃피는 문화예술의 도시가 되기를 바란다. 이를 위해 끊임없이 노력하고 있는 소박한 예술가이며, 교육자다.

Ⅱ. 춤추는 예인들

박흥식

II. 춤추는 예인들

박흥식은 1973년 서울 출생으로 대학입학 전까지는 전통예술을 전혀 접하지 못한 평범한 가정에서 살아왔다. 국악 활동을 하는 여느 예인들과 같이 어린 시절 예술의 배움은 전무했다. 평생을 양복 장인으로 살아오다 지금은 고인이 된 부친 박정웅과 팔순을 넘긴 모친 조성월의 막내로 태어났다.

19살 처음 전통음악을 접한 늦깍이 풍물꾼은 인문계 고등학교를 나왔기에 함께 풍물을 하던 농고 출신의 동료들이 때론 부러울 때가 있었다. 그러나 늦은 나이에 시작한 만큼 노력과 열정은 누구보다 강했다. 예술교육학 석사와 문화콘텐츠 박사과정을 통해 문화예술 학업에 정진할 수 있었다. 늦게 시작한 예인의 삶이 누군가에게 당당히 말하기까지 오랜 시간이 걸렸으나 이제는 떳떳하게 이야기할 수 있다.

박흥식은 대학 입학식 다음 날 곧바로 풍물패에 입단한다. 얼마 후 이 풍물패는 대구시무형문화재 날뫼북춤과 비산농악, 천왕메기와 깊은 관계가 있음을 알게 된다. 이미 풍물패 선배들은 졸업 후 대구와 경북 등지에서 전문국악인으로서 왕성한 활동을 하고 있었고, 그도 풍물 선배들 소개로 문화재 선생님에게 자연스러운 입문의 계기가 열렸다.

입문 당시 박흥식은 故 김수배(1986년 날뫼북춤 예능보유자 1호, 2006년 고인이 됨) 선생께 북춤을 사사한다. 김수기(대구시무형문화재 제4호 천왕메기굿, 비산농악 예능보유자) 선생께 농악을 배운다. 대학 시절 또 하나의 큰 배움은 매년 여름이면 통영전수관에 가서 배우고 익힌 통영 오광대 놀음이었다. 오광대놀이는 歌舞樂이 모두 집합된 놀이로 그 중 말뚝이와 사자 역할은 박흥식 북 놀이에 영감을 주었다. 해마다 대구시에는 대구·경북 사물놀이 대회가 개최되었다. 1997년에는 전 대회의 장려상에 만족 못하고, 기어코 대상을 따냈다. 평소 학과 공부에 소홀했던 그를 탐탁치 않게 바라보던 담당 교수는 그날을 계기로 진심 어린 축하와 격려를 해준다.

졸업 시기에 그는 많은 고민에 빠진다. 태어난 곳은 서울이지만 예술로서의 연고는 대구이기 때문이다. 그 와중에 1999년 박흥식에게 전주 대사습 농악 부문 장원의 영광을 함께 해준 김천농악의 남필봉 선생의 소개로 당시 서울(지금은 과천으로 옮김)에 연고를 둔 줄타기보존회에서 활동하게 된다. 이때 줄타기 김대균(국가무형문화재 제58호 예능보유자) 선생과 사무국장 류연곤 선생을 만나 함께 활동하던 시기다. 류연곤 선생의 소개로 1999년 국수호 선생과도 인연을 맺었다.

그는 국수호 디딤무용단의 '영고' 작품의 창단 주역 멤버로 활동하였다. 당시 무용수들과 함께 중앙대 안성캠퍼스에서 동고동락하며 함께 작업한 작품을 네델란드·벨기에·독일·영국·프랑스·오스트리아·스위스 등에서 선보였다. '영고' 작품을 3년 동안 3차례나 유럽 투어 무대를 올리게 되었다. 국립극장, 아르코예술극장과 부산 롯데호텔 극장에서도 공연을 함께 올렸다. 어느새 박흥식은 국수호 선생이 인정하는 스타 플레이어가 되어 있었다. 물론 그때까지도 풍물인으로서 DNA가 더 컸지만 점차 춤에 대해 눈이 뜨인 시기가 이때다.

국수호 선생의 화려한 무대 경험이 쌓였던 반면, 故 김우세 선생의 만남은 정반대인 소박함으로 다가왔다. 박흥식은 동네를 거닐다 우연히 심금을 울리던 태평소 소리에 이끌려 어느 지하 연습실 앞에 서게 된다. 이 우연은 선생의 마지막 태평소 제자가 되는 계기가 되었다. 벽제 납골당에 김우세 선생을 마지막으로 떠나 보내며, 그간 살면서 박흥식은 처음으로 펑펑 울었다. 돌아가신 선생에 대한 마지막 보답은 '故김우세류 태평소'를 보존하고 지키는 사명일 것이다.

2003년은 박흥식에 있어 여러모로 의미 있는 해가 된다. 광명농악 입문의 해였기 때문이다. 2002년 겨울 광명농악 전수 지정학교인 충현고등학교를 지도해 달라는 제안과 더불어 2번째 광명농악의 제의를 받은 것이다. 박흥식은 당시 광명농악 예능보유자이자 1대 상쇠 故 유인필 선생께 이수자로 지정받게 되었다. 이미 광명농악은 1997년 전국 민속예술 경연대회에 대상을 받아 경기도무형문화재 제20호로 지정되어 있었다. 광명시는 당시 임웅수 선생을 보좌하는 전문적인 농악 예술인이 절실히 필요하던 시기였다. 특히 고등학생들로 구성된 광명농악 전수 지정 학생들이 대학을 졸업하고 군 문제도 해결되어 다시 광명농악으로 흡수되기까지 수년의 시간이 필요했다. 그러한 과도기에 박흥식의 역할은 매우 중요했다. 제자들과 함께 광명시립농악단에 근무하며, 여러 민속춤을 익히던 중 덧배춤에 특히 탁월한 능력을 보여 민속춤을 본격적으로 익히고, 정리하게 된 것도 이 시기에 이뤄진 성과다.

진주교육대 석사과정 당시 담당교수였던 송미숙 교수의 추천으로 '한국 전통의 脈 100인전'에 서게 된다. 박흥식의 북춤을 시연하기에 더없이 좋은 기회였다. 그동안 광명시립농악단을 통해 짧은 연행으로 무대에 올린 적은 있으나 완판을 올리는 것은 처음이다. 그에게 이 무대는 초연인 셈이다. 첫 공연으로서 관객 호응은 좋았으나 자신은 결코 만족스럽지 못했다. 북춤의 시험무대였고, 주변의 많은 조언과 비판을 겸허히 받아 자양분으로 삼아야 한다는 걸 절실히 느낀 무대였다.

박흥식은 농악과 민속춤만을 해왔던 것은 아니다. 그동안 전통의 歌舞樂과 지역 민속놀이에도 집중해 왔고, 틈틈이 청소년들과 일반 시민에게 국악 전도사로서 역할도 톡톡히 해왔다. 그동안 광명에서 활동했던 민속놀이 경험을 통해 금천구와 연천군 두 지역의 민속놀이를 꾸준히 지도, 연출하고 있다. 지금껏 몸과 마음으로 익혔던 전통예술을 이론화하고 정리하기 위해 문화콘텐츠학 박사과정에서 공부했던 전통문화콘텐츠를 어떤 방법으로 풀어나갈지 고민을 더했다. 그 결과 금천구의 '새재미 보부상 놀이'의 발굴지도, 연천군의 '아미산 울어리'라는 임업과 관련 민속놀이를 재연한 것이다.

앞으로 박흥식은 전통문화 예술가이자 연출, 연구자로서의 꿈이다. 전통문화를 처음 접했던 대구지역의 전통예술을 잊지 않고 있다. 예술은 영원히 맺지 못하고, 풀지도 못한 채 끝날 수 있는 두려움 속에 한발씩 어둠을 뚫고 나가는 것이라 그는 생각한다.

Ⅱ. 춤추는 예인들

이경림

1973년 부산태생으로 홀로 생각에 잠기는 것을 즐겨하던 아이였지만 초,중,고등학교 시절 봄,가을 소풍에 한 번도 빠짐없이 반대표 장기자랑으로 춤을 추고, 전교생 앞에서 점심시간마다 체조 시범을 보이기도 한 누구나 공공연하게 다 아는 춤 잘추는 아이였다. 영문학 전공의 아버지의 반대로 무용하느니 차라리 그림을 그리라 하실 정도로 늘 무용하는 것을 반대하셨던 터라 무용학원은 엄두도 못 내었다. 무용부가 활성화된 동래여중에 진학하여서는 점심시간 밥먹는 대신 홀로 무용부 연습하는 것을 문틈사이로 몰래 보고는 집에 와서 모조리 연습하며 독학으로 무용을 배워나갔다. 무용학원에 첫 등록 때는 무용이 처음이라는 나의 말을 아무도 믿지 않을 정도로 한국무용, 발레 기본까지 익혔다. 하지만 무용에 대한 반대는 계속되어 모든 열정을 다 버리고 부산사대부고로 진학하였다. 첫 무용시간이 끝나자마자 "너는 왜 무용을 안하고 있니?"라는 선생의 말씀에 나의 마음은 또 한없이 무너졌다. 결정적으로 부산에서 올려진 창무회의 공연 '어디만치 왔니'를 보고, '어떤 기분, 감정이면 저렇게 춤을출 수 있을까'라는 온몸을 휘감는 전율을 느꼈다. 돌아와 어머니께 고백하고, 아버지 몰래 무용학원을 등록하였다. 하지만 집안형편이 그리 좋지 않았던 시기라 하고 그만두고를 거듭하다 학교 은사의 도움으로 부산대 사범대학교 체육학과 엄옥자 교수를 뵙게 되었다. 인간문화재인 엄청난 분 앞에서 대충 입은 옷으로 한발 한발 춤을 추었는데 나의 재능을 알아보신 엄옥자 교수는 당신의 딸인 변지연 선생에게 가서 무용을 배울 수 있는 기회를 열어주었다. 그날 이후 무섭도록 한국전통춤에 빠져들었다. 승무, 살풀이를 난생 처음 배웠는데 어렵다는 생각보다 완전히 내가 사라지는 경험을 하게 된다, 승무를 하려고 엎드려 있으면, 살풀이 수건을 쥐고 서 있으면, 세상의 사사로운 고뇌와 감정이 다 사라지는 그 시간들에 한없이 빠져들었다. 한영숙류 승무, 살풀이 공부를 위해 벽사연수를 수도 없이 참가했다. 강습시간이 지나면 다른 class 시간의 복도에서 음악소리를 들으며, 무아지경으로 춤에 빠져들었다. 한영숙류 승무와 살풀이춤으로 몸의 호흡과 기본기를 자연스레 굳혀나갔고, 경상도 사람이지만 경기지방의 간결하고 차분한 춤가락들을 좋아하는 성장기가 되었다. 춤의 뿌리이자 대지가 되어주신 엄옥자,

변지연 선생곁에 머무르고 싶은 마음에 부산대학교를 장학생으로 진학한다. 대학생이 되어서는 두 분을 따라 92년부터 해외 페스티발 참가를 위해 설장고, 부채춤, 북춤 등 민속무용 레퍼토리를 끊임없이 배우고 공연했다. 이때의 공부가 이후 프로무용단에 입단할 때 많은 도움이 됐다. 대학생 신분이 되고나서 본격적으로 승전무(칼춤, 북춤)의 예능보유자인 엄옥자 선생께 승전무를 본격적으로 배우고, 무대에 설 수 있는 기회들을 얻으며 성인으로서 자신의 춤들을 성장시켜 나갔다. 춤을 배우며 무용가를 꿈꾸는 부산대학교 무용학과 학생에서 20세 때부터 활발하게 참여하게 되면서 많은 해외공연을 통해 혼자의 무대보다 함께 채워나가는 무대와 춤에 대해 더욱 많은 관심을 가지게 되었다. 하루 종일 춤만 추고 싶다는 마음으로 부산시립무용단에 입단하였다. 수십 명의 무용수들과 대극장 공연, 국내외 공연 등 프로무용단에서만 경험할 수 있는 국제행사의 개폐막식 등 스펙타클한 공연의 형식과 여러 장르를 넘나드는 창작의 경험을 많이 접해보게 되면서 크고 넓게 확장된 공연체험을 하며 성장했다. 그 시간 속에서도 고등학교 때부터 배우고 사랑했던 한영숙류 태평무, 살풀이 솔로무대와 큰 스승인 엄옥자 선생의 승전무칼춤까지 공연하며, 전통춤에 대한 싶은 교감과 열정을 이어 나갔다. 그럼에도 점점 구성원으로 획일화 되어가고 있는 춤에서 벗어나야 한다는 생각과 프로무용수의 틀에서 벗어나 독립된 예술가로서 나아가고픈 마음이 스스로를 다시 세상에 내어 놓는다. 또 다른 성장을 시도한다. 자연스레 춤의 근원이었던 엄옥자 선생의 고향 통영으로의 인연이 시작되어 후학을 양성하는 길을 걷게 되었다. 객지에서의 시작은 쉽지 않았으나 밤낮 없이 다양한 연령대의 학생들에게 한국무용을 가르쳤고, 지도자로서 역량의 계속된 성장 필요성과 예술가로서의 진화, 언제나 배움과 스승은 필요하다는 생각을 가진 나였기에 경상국립대학교 민속무용학과에서 석사공부를 시작하였다. 고등학교에서 시작되어 대학교 지도교수까지 이어졌던 한영숙류 전통춤과의 인연은 대학원에서 한영숙 선생의 제자 김미숙 교수과의 많은 활동으로 이어져 한영숙류 전통춤을 쉬지 않고 연마하고 춤추게 되었다. 진주와의 인연은 경상국립대학교 출강에서 진주교육대 출강으로 이어져 전통춤과 한국춤의 전승과 보급에 열정적이셨던 송미숙 교수와의 인연으로 이어져 국내 명작명무전은 물론 LA한국 문화원 주최 '한국예인의 명작·명무전'과 버지니아, 오만, 벨기에 등 세계 최고의 군악페스티벌에 솔리스트로 참가하며, 또 다른 춤경험을 이어나갔다. 무용단을 나와서부터 꾸준히 배우고 매료되었던 엄옥자 선생의 많은 춤들 중 엄옥자류 진춤(원향지무)로 제21회 경기국악제에서 무용부문 대상을 받고, 원향(엄옥자 선생님의 호) 선생의 많은 춤들을 연마하고 이어가고 있다. 지금껏 20년 동안 학생들을 가르친다는 무게는 전통춤에 대한 끝없는 되새김질과 악기춤, 창작까지 두루 섭렵하여 다채롭게 내 놓을 수 있는 모범적인 스승으로서의 채찍질을 하게 하였다. 끝없이 그 자리에서 묵묵히 서 있어야 하는 무게와 현재성 진행된다. 춤을 함께 쥐고 나가야 한다는 신념을 더 강하게 만들면서 박사과정의 공부까지 이어지게 했다. 형식적인 이수보다 스스로 전심전력을 다해 쏟을 수 있을 때 하겠다는 개인적인 가치관 때문에 20살부터 수없이 배우고 춰온 승전무를 이수 받으며 초심으로 돌아가 공부한다. 부산태생이지만 통영으로와 부산과 경남의 춤꾼으로 영남춤학회 이사, 원향춤보존회 통영 지부장, 통영 한산대첩문화재단 이사로 활동하며, 통영 그리고 영남의 춤꾼으로 그 맥을 이어가고, 제자들을 통해 또 춤의 씨앗을 뿌린다. 우리춤의 미래를 설계하며, 조용히 그러나 뜨겁고 아름답게 우리 지역의 춤을 보듬고 안아가는 예술가로 영원히 살고자 한다.

Ⅱ. 춤추는 예인들

윤애람

1988년에 태어나 2006년(당시 고등학교 3학년)에 강원도 춘천에 자리한 '경희무용학원'에서 김영주 선생을 만나 처음 한국무용의 걸음마를 시작했다. 기본기는 김명규 선생에게 배웠고, 두 분께서 물심양면 도와주신 덕에 강원대학교 무용콩쿠르에서 은상을 수상하게 되면서 수시로 강원대학교 새내기가 될 수 있었다. 대학에서는 유옥재 교수와 김경회 교수의 영향으로 김백봉류 기본부터 부채춤, 장고춤, 검무, 무당춤, 산조 등을 배웠다. 실력 있는 외부 교수들을 섭외해서 정재, 전통, 춤출 때 기본이 되는 장구장단과 북가락 등 다양한 경험할 수 있었다. 창작춤도 배우며 대학 4년을 보냈다. 2010년에는 강원도립무용단(현 강원특별자치도립무용단)에 입단해 현재까지 활동하고 있다. 입단 이래 지금까지 여러 무대경험을 하면서 나의 무용인생에 또 하나의 영향을 준 윤혜정 선생의 이야기를 빼놓을 수 없다. 윤혜정 선생은 당시 무용단에서 막내였고, 키가 제일 작은 나를 무용단의 정기공연 '겨울약속'의 주역으로 세웠다. 이후 다른 작품의 캐릭터 역할을 맡으며, 나에게도 솔로로 춤을 추게 되는 경험이 쌓이기 시작했다. '윤혜정류 소고춤'을 100인전에 올리게 되었다. 솔로로 전통을 추는 기회가 많지 않아 매일 부족한 모습을 마주해야 했다. 냉철하고 예리한 가르침이 정곡을 찌를 때가 있었지만 지나고 나니 그것 또한 의미 있는 일로 남는다. 춤을 출수록 확신이 없던 때에 윤혜정 선생을 통해 만난 김정학 선생의 가르침은 한국춤의 멋과 매력을 알게 하고, 더 깊이 오래 공부하고 싶은 마음을 가지게 했다.

보통은 한 스승만 섬기는 게 무용계의 암묵적 질서일 수 있지만 모든 선생들의 인연과 가르침은 똑같이 소중하다. 아카이빙 작업을 통해 처음으로 나의 무용 인생을 돌아본다. 스스로 인복이 참으로 많은 사람이라는 것을 새삼 느끼게 된다. 춤과 춤을 통해 만난 인연은 내게 세상을 다양한 시각으로 바라보게 했다. 시야를 넓히서 성장시켰으므로 선생은 물론 언급하지 못한 동료와 선후배들까지 춤 인생에 빼놓을 수 없는 사람들이다.

춤을 마주함은 삶을 마주하는 것과 많이 닮아 있다. 춤은 호락호락하지 않다. 살아가면서 어렵고 힘든 일이 있겠지만 춤을 마주할 때 경험했던 것을 토대로 앞으로의 삶의 고비들을 잘 헤쳐 나가리라는 위안한다.

 살아가면서 마음에 담아온 많은 것들이 자연스럽게 몸에 나타나고, 자연스러운 무늬가 되어 깊게 새겨져 나이테처럼 쌓여 가도록 몸과 마음 또한 자연스럽게 흘러가도록 두고 싶다. 그렇게 쌓인 내 안의 것들을 춤으로 표현 할 수 있는 예술가가 되기를 희망해 본다. 어떤 이름표도 달고 있지 않은 몸을 항상 낯설게 만나고, 겸손하게 현재를 매번 새로운 하루로 받아들인다.

하현조

II. 춤추는 예인들 177

하현조는 1남 3녀 중 셋째딸로 태어났다. 초등학교 때 우연히 본 김기복 선생의 풍물가락을 듣고 마음을 빼앗긴 후, 남사당 가락과 함께 쭉 안성에서 성장했다. 대중의 삶에서 희노애락의 역사를 같이 한 풍물은 그의 인생 전체라 할 수 있다. 2002년 창설되어 역사와 전통을 자랑하는 안성 남사당 풍물단의 초대단원으로 활약하고 있다.

1985년 정월 대보름, 마을을 집집이 돌며 복을 빌어주던 김기복 선생과의 만남은 인생의 흐름을 바꿔 놓는다. 초등학교시절 4학년에 막 들어섰던 하현조는 풍물가락에 홀리어 종일 따라 다닌다. 급기야 저녁 무렵 풍물단의 주거지까지 가기에 이른다. 그로부터 하루도 빠지지 않고 본거지로 가, 풍물놀이를 구경하는 자신을 본 김기복 선생께서 "악기 한번 쳐 볼 테냐"하며, 장구를 쥐어 준 건 1년이나 흐른 뒤였다. 공연을 따라 다니며, 전체의 〈판〉을 봐서인지 빠르게 습득했다. 그렇게 김기복 선생의 첫 제자가 된다.

악기를 쥐어 준지 2년 쯤 되던 해인 1989년, 「전국 민속예술 경연대회」 대통령상을 수상하며, 선생께 보답했다고 생각하며 기뻤던 기억이 난다. 안성시청 청소년계의 추천으로 「전국 모범 청소년 정서부문」 대통령상을 수상했으며, 코리아 엔젤스 객원단원 장구 연주로 세계공연 등의 활동도 했다. 그때는 우리 문화에 대한 관심도가 올라가던 때여서 김기복 선생의 명성을 듣고 전국에서 대학생들과 일반 아마추어팀이 가르침을 받고자 많이 찾아 왔다. 선생님은 제게 조교 역할을 주며, 가르치면서 또한 배우는 것에 대한 감각도 심어 주었다. 서운중에서 초창기 강사 역할을 했다. 전국대회에서 서운중학교가 여러 번에 걸친 수상의 업적을 남기는데 일조한다.

여러 곳에서 스카웃 제의가 들어온 연유도 있었지만, 좀 더 큰 곳에서 경험해 보고 싶다고 생각했다. 1995년 서울로 올라가 고려대 출신으로 구성된 〈뭉치 예술단〉이라는 곳에 적을 두었다. 3년의 경험을 통해 1998년 여성 타악그룹 〈동천〉을 창립하고, 대표의 역할을 수행했다. 김기복 선생의 첫 제자라는 자부심과 안성 남사당 풍물을 알리고 싶은 마음을 담아서 했던 일들이다. 이때 만난 진도 씻김굿의 명인 박병천 선생의 권유로 유럽 순회공연도 같이 했다. 예술의 지평을 다양하게 넓히는 계기가 된 때다. 이후 4년 남짓 활동했던 〈동천〉의 대표를 내려놓으며 크게 깨달은 바가 있다. 작품공연에 많은 것을 쏟은 만큼 단원들을 챙기지 못했고, 소통을 통한 팀웍의 무게도 알았다. 첫 사회생활이기도 하거니와 나이가 어렸다고 자신을 위로했지만 이 때의 깨달음은 이후 자신의 행보에 많은 영향을 주었다. 2000년 「KBS 서울 국악 대경연」 풍물부문 차상의 영예도 안게 된다.

2002년 안성시립 바우덕이 풍물단이 생긴다는 소식과 함께 오디션을 보라는 김기복 선생의 부름을 받고 한달음에 내려갔다. 안성을 떠난 후의 여러 무대 경험도 좋았지만 내가 자라온 향토에 대한 그리움도 크던 차였다. 그렇게 시작한 안성남사당 인생은 어언 30여 년이 훌쩍 지나고, 바우덕이 풍물단 초대단원으로서의 생활이 20여 년에 이른다.

바우덕이 풍물단 생활을 하며, 안성 지역민인 성인을 대상으로 남사당 가락을 전승하고 있을 때, 연주회를 기획하고 실행했던 경험은 감동의 기억이다. 〈100인의 풍물 연주회〉라는 이름으로 안성 남사당 전용공연장에서 이루어진 공연은 연주자와 청중이 모두 '장관이었다'라는 표현을 했다. 참여 한 100인 연주자의 벅찬 감동은 당연하지만 기획하고 가르치고 진행한 자신에게도 큰 그림을 그려보는 좋은 경험이었다. 바우덕이 풍물단의 2번째 예술감독 박인배 감독 시절에는 상설공연팀과 외부 공연팀 2팀으로 나뉘어 운영되었다. 외부공연팀으로 배정되어 상쇠와 작품 제작 임무를 수행했다.

2019년 「제1회 농악의 날」 기념식에는 안성 남사당 단원의 이름으로 개인 설장구 축하공연을 했다. 여러 경험과 행적들을 인정을 받아서인지 2020년 「한국 전통문화예술위원회」 농악분과 위원으로 위촉되었다. 겸손한 자세로 농악 풍물의 문화 계승에 작게나마 힘을 보탠다는 마음으로 임하고 있다. 2020년에는 「경기도 무형문화재 총연합회」에서 〈제21호 안성 남사당 놀이〉 공로상을 수상했다.

진주교육대학원에서 문화예술교육을 전공하며, '남사당 동향분석'이란 제목으로 논문을 통과했다. 예술융합전공으로 박과과정 중이다. '나의 개인적 성장은 안성남사당 성장이다'라는 믿음으로 꾸준히 공부한다. 2020년 4월에는 졸업연주회 겸 개인발표회를 가졌다. 〈안성 남사당 하현조의 살판〉이라는 이름으로 준비하고 공연했던 시간은 오롯이 자신의 역량에 집중해 볼 수 있는 값진 시간이었다. 이런 경험을 통해 지경이 넓혀진 경험으로 2021년 차세대 명인전, 2022년 서울연희대축제 류파전 장구대전, 전국 삼도풍물 명인전에 김기복류 안성남사당놀이 웃다리농악 설장구를 선보이면서 안성웃다리농악 설장구를 소개했다. 안성남사당 전수학교 총괄담당, 경기도교육지원청 바우덕이학교 담당 등 후진양성에도 힘쓰고 있다.

이은희

서울시무형문화재 제21호 이수자 이은희는 어린 시절부터 소리를 잘한다는 동네 어른들의 칭찬을 들으며 성장하였다. 중학생 시기에는 국악동아리에서 활동하였다. 첫 직장이었던 회사 내 문화센터에서 장구와 민요를 배우면서 국악의 매력에 빠져들었다. 강동구 명일동에서 국악을 가르치시던 김점순 명창에게서 경기민요를 배우기 시작하면서 민요에 푹 빠져들었고, 국악인의 한 길을 가게 된 계기가 되었다.

한국전통예술학교 교수로 재직하시면서 휘모리잡가와 선소리 산타령을 지도한 박상옥 명창 문하에 2007년 1월 6일에 입문한다. 2011년 4월 19일, 휘모리잡가 전수생으로 선정된다. 2014년 11월 27일, 휘모리잡가 이수자로 선정되었다.

2010년 3월에는 국가무형문화재 제57호 경기민요 보유자 이춘희 명창이 설립한 한국전통예술학교 제1기생으로 경기민요학과에 입학한다. 2012년 9월, 경기민요 전공으로 학사학위를 취득하고, 국가무형문화재 제57호 경기민요 전수자가 된다.

박상옥 명창 문하에서 전승교육과 휘모리잡가 공연 등으로 이수자 공개발표회에 적극 참가하고 있다. 2017년 11월 20일 '한국전통성악진흥원'을 개원한 후, 2019년 6월 17일에 서울시무형문화재 제21호 휘모리잡가 송파지부를 개설했다. 현재 무형문화재 휘몰이잡가보존회 송파지부에서 후학을 위한 전승교육 활동을 지속하고 있다.

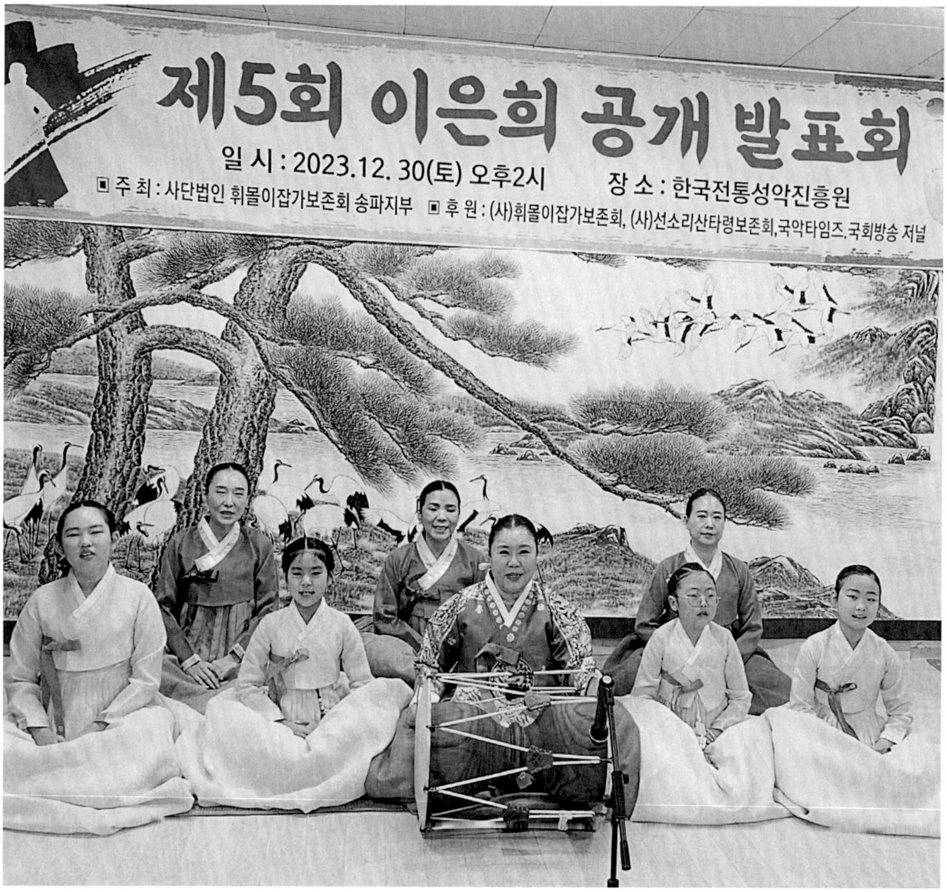

제5회 이은희 공개 발표회
일 시 : 2023.12. 30(토) 오후2시 장 소 : 한국전통성악진흥원
▣ 주 최 : 사단법인 휘몰이잡가보존회 송파지부 ▣ 후 원 : (사)휘몰이잡가보존회, (사)선소리산타령보존회, 국악타임즈, 국회방송 저널

우리문화 좋을시구

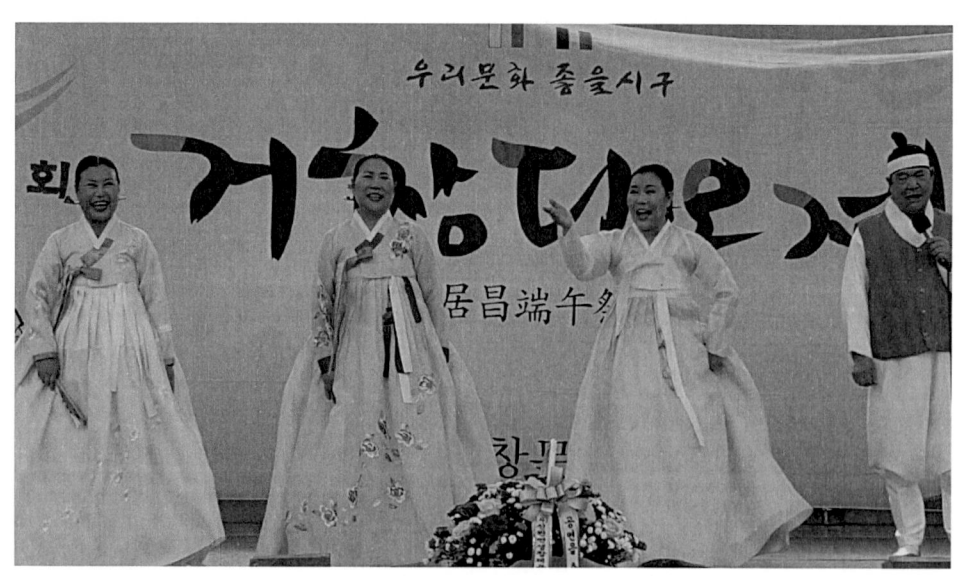

최인영

Ⅱ. 춤추는 예인들

최인영은 강원도 강릉에서 무남독녀 외동딸로 태어났다. 인문계 고등학교 입학 시, 특별활동반을 홍보하러 다니던 무용반 언니들의 이쁜 모습에 이끌려 무용반에 들어가게 된다. 매주 한번 있던 특별활동반 무용수업은 늘 기다려지던 설레는 수업이었다. 2년동안 무용반 생활을 열심히 하던 중 무용반 담당 선생이자 경희대 무용학과 출신 이송춘 선생께서 "인영이는 체격도 좋고, 끼도 많고 소질도 있으니 전공을 해보는 것이 어떠냐" 권유한다. 하고 싶었기에 아빠께 말씀드리니 딸이 좋아하는 것이니 열심히 해보라고 흔쾌히 허락해주었다. 아빠는 지금까지도 나의 무용인생에 가장 큰 힘이 되고, 물심양면으로 지지해준다. 다른 무용 친구들에 비하면 너무 늦게 시작하였지만 그만큼 간절하고 좋아했기에 고3때 강릉에서 비행기 타고, 매주 서울로 故 지희영 선생께 레슨받으러 다녔다. 열심히 한 결과, 강원대학교 무용학과에 합격하여 유옥재 교수께 여러 무용을 배우고 익혔다. 동대학원 장학생으로 입학하게 된다. 대학교 4학년 때 교수께서 추천해주셔서 강원도립무용단에 객원무용수로 나갈수 있게 되었다. 프로무용단에서 생활하면서 꼭 여기 들어와야겠다는 목표를 가지고, 열심히 노력했다. 대학원 2년동안 객원무용수에서 비상임단원으로 활동하게 되었고, 대학원 졸업과 동시에 그렇게 바라던 강원특별자치도립무용단에 합격하게 되었다.

2005년 3월에 입단하여 수많은 국내외 공연을 하였다. 3번째 예술감독 및 상임안무자로 온 윤혜정 선생을 만나 새로운 춤세계에 빠져들게 되었다. 뭐든 열심히 하고, 늘 열정적인 선생을 따라 성실하게 생활하였다. 그래서 오늘날의 자신이 있지않나 싶다. 도립무용단 차석단원을 거쳐 현재 수석단원으로서 자리매김할 수 있도록 무용인생에 가장 영향을 끼친 분이다.

윤혜정류 맨손살풀이, 윤혜정류 소고춤 등 여러 춤을 다양하게 배우고 있다. 앞으로도 춤을 더 많이 배우고 공부하고 싶다. 나이가 들수록, 추면 출수록 더 어려워 지는 것이 춤이지만 언제나 노력하며, 끊임없는 도전으로 해내고 싶다. 지치지 않는 열정과 거북이 같더라도 끝까지 최선을 다하는 것이 삶의 모토다. 아직도 갈 길이 멀고 많이 부족하지만 '연습은 공연처럼'이라는 윤혜정 선생의 말씀을 늘 깊이 새기며, 춤공부에 매진할 것이다. 우리의 전통춤이 얼마나 아름답고 훌륭한 것이라는 걸 세계에 널리 알리고 싶다.

김경은

1980년 서울 출생이다. 7살 때부터 동네 무용학원에 다니며 춤의 길에 입문했다. 학원 원장께서는 이모처럼 늘 따뜻하게 대해주셨다. 연습시간보다 일찍 학원에 도착할 때면, 원장실에 앉아서 공기놀이도 하고 음악도 함께 들었던 추억이 마음 한켠에 따뜻하게 남아있다. 인자하신 선생님께 춤을 배우는 것이 참으로 좋았다. 한국무용, 발레, 현대무용 중에 어떤 춤을 추고 싶은지 물으셨을 때, 장단과 함께 어우러지는 자연스러운 움직임이 좋아 한국춤을 택했다.

초등학교 4학년이 되어서는 리틀엔젤스예술단 오디션에 합격한 후, 중학교 3학년 때까지 단원 생활을 하였다. 공항에 입출국심사 때는 외교관이 다니는 통로로 갈 수 있다는 사실도 뿌듯했고, 한국의 문화사절단이라는 타이틀이 굉장한 의미로 느껴졌다. 춤을 더 잘 추고 싶었고, 오랫동안 춤추고 싶다는 생각이 들었던 것은 이 때였다. 화관무, 부채춤, 북춤, 장고춤, 선녀춤, 칼춤, 농악, 설장고, 해병대, 사물놀이, 가야금, 합창 등 가무악歌舞樂을 겸비하는 수련으로 춤 정체성과 다양성은 어려서부터 구축되었다. 수많은 국내외 공연을 하면서 무대경험을 쌓을 수 있었다. 특히나 해외공연을 통해서 한국의 전통에 대한 중요성과 가치를 너욱 소중히 여기게 되었다. 선·후배·동기들과 매년 한달 정도 가량의 해외공연을 통해서 단체생활에 대한 규율과 질서, 우정을 배우며 추억을 쌓았다.

한국전통춤의 매력에 더 깊이 빠진 것은 선화예술고등학교 재학 시절이다. 여러 좋은 선생님들 밑에서 승무(한영숙류), 살풀이(한영숙류), 태평무(강선영류), 진도북춤(박병천류), 산조춤(배정혜류) 등을 배우며, 하단전과 하체 호흡의 중요성을 바탕으로 묵직하고 깊은 호흡을 학습했다. 고등학교 1학년 때 승무를, 2학년 때 살풀이를 배우며 전통춤에 매료되었다. 절제되고 무게있게 표현되는 몸짓이 좋았다. 선화예술중·고등학교를 졸업하며 학과, 실기를 포함해서 가장 우수한 학생에게 주는 선화대상을 수상했다. 졸업 후, 1999년에 서울대학교 체육교육과에 입학하여 이애주(국가중요무형문화재 제27호 승무 예능보유자) 선생님으로부터 춤공부를 시작했다. '춤은 일의 몸짓이요, 삶의 몸짓'이라는 춤철학과 춤인생을 배웠다. "자신이 누구인지, 춤을 통해서 깨닫고, 어떻게 살아야 하는지도 춤을 통해 깨닫는다"는 말씀을 들으며, 그 분을 춤의 스승으로 만난 것을 행운이라 생각했다. 또한 한성준-한영숙-이애주로 이어지는 춤의 맥, 춤의 전통성과 정통성을 공부할 수 있다는 사실이 영광스러웠다. 물론 여러 가지 힘든 점이 많았지만 그 과정을 통해 춤자산을 쌓아나가고, 춤정체성을 견고히 다질 수 있었다. 2005년도에 서울대학교 체육교육과 석사를 거쳐 2007년 박사과정에 입학하여 이애주 선생의 연구실에서 조교생활을 하면서 공연활동과 학술발표 등을 통해 많은 것들을 배웠다. 선생님은 춤공부를 위해 꼭 읽어야 인문학 서적들도 일러주시며, 춤꾼으로서만이 아니라 이론적으로도 성장할 수 있도록 도와주셨다. 춤적으로 한단계 성장한 것은 승무 이수시험을 준비하면서부터다. 2006년 12월, 국가중요무형문화재 제27호 승무 이수자가 되었다. 이듬해 2007년 11월 17일, 스승의 도움으로 〈이애주류 김경은의 춤〉을 발표했다. 독춤판을 축하하는 격려사에 이런 글귀가 있다. "그의 이력에서 알 수 있듯이 그는 본래 갖추고 있는 기본조건과 실전경험, 거기에 이론 연구를 병행할 우리춤의 귀중한 제목이라 할 수 있습니다. 춤이 끊임없는 수련으로 이어져 삶과 하나 되어 수행의 차원으로 들어설 때 진정한 의미의 참춤이 됩니다. 김경은의 춤이 그와 같이 되길 바라며 부디 끊임없는 정진의 길로 들어서기를 기원합니다". 스승께 배우고 싶었던 것은 춤뿐 만이 아니었다. 배움에 대한 열정과 춤에 대한 탐구심, 그리고 모든 것을 춤과 연결지어 통찰력을 얻어내려 노력하시는 모습은 모든 제자들이 존경하는 부분이다.

2008년에 출산을 하면서 박사 휴학을 하게 되었다. 미국 대학 UMass 에 교수로 임용된 남편을 따라 2012년 1월, 매사추세츠 Massachusetts 주의 애머스트 Amherst 로 거주지를 옮기게 되었다. 새로운 곳에 적응하고, 어린 딸아이를 키우느라 정신없는 몇 년을 보냈다. 그 와중에도 춤이 추고 싶어서 2013년을 시작으로 지역 내 대학 및 초중등학교에서 공연과 워크숍 기회를 만들었다. Smith College, Amherst College, Mount Holyoke College, Holyoke Community College, Common School 등에서 한국춤을 선보이고 가르쳤다. 이러한 활동들은 신문에도 소개되었다. 「승무·살풀이·장구춤으로 '전통 한류' 전파한다」라는 제목으로 오마이뉴스(2015년 9월 28일자)와 「강강술래·탈춤으로 민간 외교」의 제목으로 미주중앙일보(2015년 9월 30일자)에 기사화 되었다. 2015년부터 2017년까지 한국을 오가며 '무용전지구화와 한국춤 정체성의 관계에 대한 연구'로 박사학위를 받고, 이후 남편이 미시시피 주립대학 Mississippi State University 의 교수로 임용되어 스탁빌 Starkville 타운으로 옮기며, 새로운 환경에 다시 적응해야 했다. 스탁빌에서의 춤활동은 「추수감사절 미국 남부에서 살풀이춤과 강강술래」라는 제목으로 오마이뉴스(2017년 11월 26일)에 소개되기도 했다. 미시시피 주립대학에서 열리는 문화축제 Internatioanl Fiesta에서 한국춤을 소개하는 기회도 얻고, 스탁빌 한글학교에서 한국아이들에게 '한국의 춤과 소리'라는 특강을 하게 되면서 외국에서 한국의 문화를 알고 배우는 것이 한국인으로서 살아가는데 큰 도움이 된다는 것을 새삼 느낄 수 있었다. 2020년부터는 미시시피 주립대학교 운동과학학과의 무용강사로 채용되어 현재까지 '무용역사 및 감상', '무용교육', '컨템포러리 댄스' 3가지 수업을 미국 대학생들에게 가르치고 있다. 코로나 팬데믹 이후로는 온라인 수업으로 지속하고 있다. 아시아댄스 중 한 부분으로 승무, 탈춤, 강강술래 등의 한국춤과 장단을 가르치고 있는데, 신기해하면서도 멋있다고 표현해주는 학생들을 보면 보람되고 기쁘다.

  2020년 6월, 미국의 코로나 상황이 악화되면서 귀국하게 되었다. 잠시 머물고 미국으로 돌아가려던 계획이 장기화되었다. 2022년 7월부터 이애주 한국전통춤회의 회원으로 다시 활동하기 시작했고, 그 해 11월 한국문화재재단의 공모에 당선되어 '풍운을 여는 춤의 여드레〈팔일〉'에서 승무를 추었다. 라이브 음악으로 얼마 만에 춤을 추어보는지, 그 기쁨과 희열은 말할 수 없었다. 코우스 무대에서 춤을 추는 나, 온몸의 세포를 깨우는 춤의 에너지와 그 기운을 생동하게 하는 음악, 그리고 무대를 비추는 조명과 춤꾼을 바라보는 관객, 그 모든 것이 하나 되어 살아있음을 느꼈고, 감격과 행복감에 한동안 눈물샘이 자꾸만 폭발했다. 꿈처럼 느껴지는 선물과도 같은 기회였다. 다시 한국에서 춤을 출 수 있다는 사실이 감사하고 또 감사했다. 팔일 무대를 기점으로 현재까지 다양한 무대에서 한영숙-이애주류의 춤들을 발표하고 있다. 앞으로도 한성준-한영숙-이애주로 이어지는 춤을 추고, 개인적인 춤세계를 확장하며, 춤의 길을 성실하게 걸어가고 싶다. 행복하고 감사한 마음으로 오래도록.

엄선미

II. 춤추는 예인들　197

엄선미는 1978년 부산출생이다. 초등학교 운동회나 공연할 때 센터에서 하는 모습을 어머니가 눈여겨보시다가 고등학교 1학년 학교 무용선생의 권유로 무용학원을 가서 입시를 준비하였다. 경성대무용과 4학년 교생실습으로 박경랑무용학원을 간 인연으로 졸업하고, 박경랑 선생 학원에서 10년간 조교생활을 한다. 살풀이, 승무, 영남교방첨춤, 진쇠춤 등을 배우면서 우리춤을 터득하고 가르치기도 했다. 2018년에 부산민속보존협회 동래학춤에 들어가 지금은 전수장학생으로 이성훈 선생께 동래학춤과 덧배기춤을 배우며 이수를 준비하고 있다. 코로나로 모든 수업이 정지되었을 때 뒤늦은 공부를 하기 위해 2021년 진주교육대학교 대학원에 입학해 송미숙 교수의 지도를 받으며, 이론과 실기를 배운다.

2019년 제23회 창원야철국악대전 '국회의장상', 2007년 제24회 전주국악경연대회 '문화부장관상'을 수상했다. 2008년 '엄선미의 춤' 개인발표회를 해운대 문화회관에서 하였다. 2018년과 2022년 코우스에서 '팔일' 공연을 하였다.

주요 국내공연으로는 1999년 제8회 부산무용제 "생명의 춤" 공연, "영남춤 맥을 찾아서"(부산문화회관 대극장, 서울스타시티소극장, 경상남도 문화예술회관), 제23회 아시아 사이클 선수권대회 개막식공연, 창극 "황진이" 공연(창원 성산아트홀), "광대들의 놀음"(부산문화회관 대극장, 김해문화의전당 마루홀), "백의백무"(국립국악원 우면당, 김해문화의전당), 고성오광대 정기공연(서울열린극장 창동), 박경랑의 춤과 함께 "8월의 무도회"(국립극장 하늘극장), 박경랑의 춤과 함께 "6월의 무도회"(국립부산국악원), 박경랑의 춤과 함께 "4월의 무도회"(울산문화예술회관), 박경랑의 춤 "기억하여 담다"(서울남산국악당) 등이다. 2014년부터 현재까지 정월대보름 강강수월래 공연을 안무하고 있다. 기원무 축하공연(해운대 백사장), 찾아가는 무형문화재 "동래학춤"(영화의 전당) 등 다수가 있다. 일본, 프랑스, 세네갈, 이스라엘, 이태리, 우즈베키스탄 여러 곳에서 해외공연에 참여했다. 무용예술의 지평을 넓히며, 활발하게 활동하고 있는 무용가다.

Ⅱ. 춤추는 예인들

송경숙

송경숙은 서울에서 1964년 아버지 송선홍과 어머니 최복희 사이에서 태어났다. 말수가 적고 움직임도 적었던 열네 살 송경숙에게 선물같은 춤이 다가왔다. 춤을 부등켜 안고, 햇살 아래 꽃봉우리를 틔워나간다.

한성대학교 무용학과를 졸업하고, 진주교육대학교 대학원에 입학하면서 잠시 미뤄두었던 춤 공부를 송미숙 교수를 만나 한영숙류 태평무, 입춤, 승무, 국가무형문화재 12호 진주검무 공부를 다시 시작하게 된다. 여러나라 해외공연과 학술대회 축제 등에 참가하였다.

춤은 세월의 축적이며, 마음의 표출이다. 춤과 함께한 반백년 가까운 세월동안 오로지 스승의 섬세한 가르침을 씨줄로하고, 송경숙의 마음과 노력이 날줄이 되어 씨줄과 날줄의 치열한 교차를 송경숙의 춤으로 표현하고 싶다.

춤을 배우고 알아가는 과정이 마치 선물같은 송경숙은 춤을 추는 매순간이 행복하다. 춤을 사랑하는 성실한 무용가로 기억되고 싶다. 그러기위해 늘 공부하고 배워가고 알아가는 것을 게을리 하지 않는 사람이 되어야겠다.

송진호

1997년, 의령농악 상쇠 故 유재상과 국가무형문화재 11-1호 예능보유자 박염 선생으로부터 농악의 문을 열었던 송진호. 농악의 세계에 발을 디뎠던 그는 이후 28년 간 예술의 길을 걸어오고 있다. 의령에서 활동하고 있던 송철수의 제자 유재상, 배정석 등에게 의령집돌금농악을 배운다. 김해에 활동하고 있던 이금조에게 12발 상모와 영남채상소고를 사사한다. 2009년 20세가 되던 해에 중앙대학교 국악과를 입학해 사물놀이 창시자 최종실에게 사물놀이와 소고춤을 사사한다. 송철수의 수제자로 국가무형문화재 11-1호 진주삼천포농악 예능보유자 박염에게서 농악과 송철수류 설장구를 사사한다. 농악에 대한 그의 열정과 예술적 소양은 전통문화의 중요성을 보여주며, 그가 길러온 예술가로서의 정체성을 쌓아가고 있다.

  송진호는 의령, 함안, 진주의 지역고유문화를 발굴하고 전승하며 예술인의 길을 걷고 있다. 2018년 예비사회적기업을 설립하여 무료공연과 재능기부 수업, 진로 체험활동을 통해 지역문화 향유를 촉진하고 있다. 2022년 6월까지 다양한 문화예술 사업을 전개해 예술인들에게 안정적인 일자리를 제공하며 지역의 문화발전에 기여했다. 소통을 통해 예술의 힘으로 지역사회를 발전시키고 있다.

  진주의 전문예인 단체인 솟대쟁이패, 의령의 집돌금농악보존회, 함안의 군북매구놀이보존회 등 다양한 공연과 대회에 참여하며, 활발한 예술활동을 펼치고 있다. 수많은 대회에서 우수한 성적을 거두어 국무총리상, 문화체육관광부장관상, 농림식품부장관상, 경상남도지사상 등을 수상하며 전국적으로 실력을 인정받고 있다.

  의령의 집돌금농악과 신반대광대, 함안의 군북매구놀이 등 지역의 전통문화를 계승하고 보존하기 위해 노력하고 있다. 2017년에는 국립부산국악원 화요공감 신진예술가로 선정되어 전통문화를 새로운 시각에서 선보였다. 솟대쟁이패, 신반대광대, 군북매구놀이의 예술감독으로 활동하며, 지역의 전통문화를 높이고 있다. 전통문화의 가치를 이어가면서 현대적인 감각으로 새롭게 해석하고 전승하는 역할을 수행하고 있다. 그는 2018년에 설립한 예비사회적기업 '천율'을 통해 예술인들에게 안정적인 일자리를 제공하고 있다. 예술인들의 창작무대와 지역민들을 위한 문화예술교육을 실시하여 지역 문화발전에 크게 기여한다. 정규직으로 고용된 예술인들을 통해 지역의 전통문화를 계승하고 확산시킨다. 문화예술을 통해 지역사회에 기여하면서 동시에 예술인들에게 안정적인 경제 기반을 제공하고 있다.

송진호는 지역의 문화를 연구하고 발전시키기 위해 학술세미나와 연구서적 발간 등의 학술활동을 전개하고 있다. 의령집돌금농악 학술세미나에 발표자 및 토론자로 참가해 지역의 향토문화 발전에 기여하고 있으며, '의령신반대광대 기본콘텐츠 토대연구' 서적에도 기여했다. 그는 예술의 경지에서 벗어나 학문적인 차원에서도 예술과 문화의 중요성을 탐구한다.

송진호는 앞으로도 지역 예술의 발전과 전통농악의 보존에 기여할 것을 다짐한다. 예술의 길을 걷는 송진호는 계속해서 예술과 문화를 향한 열정을 지키며, 미래세대에게 농악의 아름다움을 전하고자 한다. 그는 예술인으로서의 역할을 넘어 지역사회와 전통문화의 번영을 위해 노력하고 있다. 향후 그는 지역사회의 문화 발전에 새로운 아이디어와 역량을 기울여 예술의 힘으로 지역사회를 더욱 풍요롭게 만들어 나갈 것으로 기대된다.

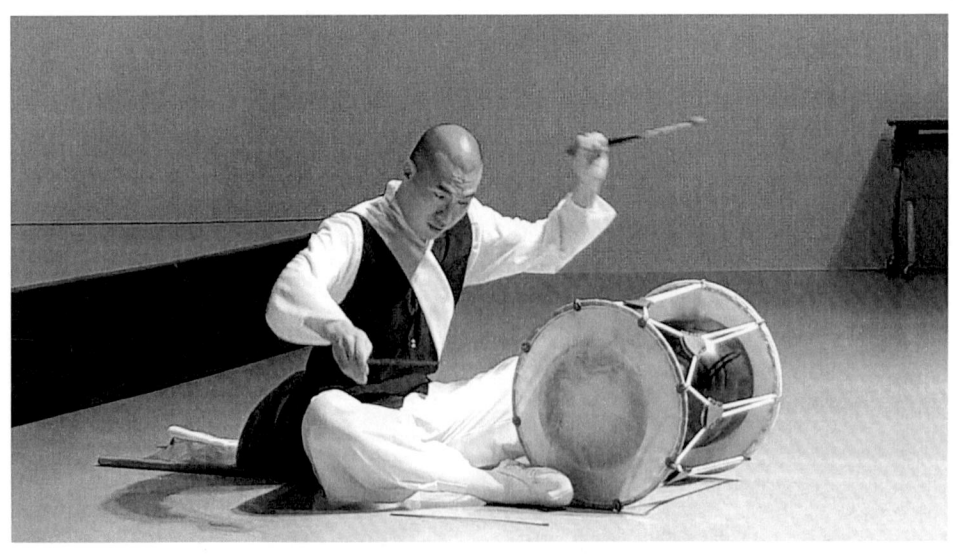

II. 춤추는 예인들　207

백봉선

백봉선은 전남 장흥 출생이다. 어린시절 장흥에선 해마다 보름잔치로 쥐불놀이와 전통전래놀이, 크고 작은 콩쿨대회와 같은 행사가 있었다. 사물놀이패로 인해 즐거움을 더했다. 그때마다 어머니는 장구를 치셨고, 나름대로 의상을 갖추고, 선소리에 맞춰 강강술래나 무용을 하였다. 매해 노래자랑에 나가 1등을 한 적이 많고, 초등학교의 각종 행사 때도 마찬가지였다.

　　초등학교 시절 백봉선은 동아리로 악기부, 합창부, 가끔 무용으로 부채춤, 소고춤을 추었다. 초등시절까지는 여러 예술적 경험들을 할 수 있었지만 중, 고등학교를 다니면서 전통예술과는 거리가 먼 인문계 공부, 교련, 체육활동이 시작되었다. 그 때문에 자연스럽게 전통예술과는 거리가 멀어지게 된다.

　　결혼 후, 아이들 유치원 가는 시간을 빌어 문화예술의 삶이 시작된다. 동네 문화센터에서 시작하여 좀더 무용에 대한 깊이를 알고자 인터넷을 통해 성신여대 평생교육원을 알게 되었다. 그곳에서 최윤실 선생께 진주교방굿거리와 진주교방춤, 장구춤, 승무 등 여러가지 춤을 수학하며, 정기공연 활동을 하게 되었다. 또한 학교에 오셨던 진주검무보유자 유영희 선생의 강좌를 듣게 되었다. 진주를 오가며, 긴 세월의 수련 끝에 국가무형문화재 제12호 진주검무를 이수한다. 진주검무를 이수하기 전에는 몇년을 새벽밥 먹으며, 출근시간 전부터 나가 수원 전승관을 다니면서 이동안류 재인청춤인 경기도무형문화재 제8호 살풀이, 승무를 이수하였다. 여러 색깔의 춤을 배우면서 기본부터 제대로 배우고 싶다는 생각을 하게 된다. 그 무렵 성신에 출강했던 최재헌 선생을 통해 기본을 다지고, 독무로는 첫 콩쿨을 나갔다. 비전공자이고 나이도 있어서 무엇인가 도전하려고 할 때 포기보다는 여러 가지 조언과 배움에 대한 용기와 할 수 있다는 열정을 심어 주었다. 뒤늦게 대학원 진학을 할 수 있었던 계기다. 늦깎이로 진주교육대학교 교육대학원에서 송미숙 교수를 만나 문화예술교육에 대한 이론적 지식을 얻게 되었다. 더 깊이 있는 무용예술의 세계를 경험하며, 석사와 오늘의 100인전 아카이빙에까지 오게 되었다.

　　많은 선생들을 거치면서 지금까지도 좋은 인연으로 이어가고 있다. 무용을 통해 얻은 많은 인연들에 깊은 사랑과 무한한 감사를 드린다. 현재는 지역 문화예술교육 기관에 출강하고 있으며, 공연활동으로 봉사와 나눔을 실천하고 있다. 전통예술에 관심있는 지역민들에게 함께 할 수 있다는 용기와 즐거움을 드리는 것은 뿌듯함 그 자체다. 어디까지가 끝인지 모를 백봉선의 무용예술은 결국은 몸과 마음의 겸손한 싸움이고, 어떤 상황에도 굴하지 않는 지독한 끈기와 노력이다.

Ⅱ. 춤추는 예인들

허정은

II. 춤추는 예인들

허정은은 1996년 경상북도 구미시에서 3남매 중 둘째로 태어났다. 중학교 입학 후, 음악 선생이 초등학교 때 풍물놀이 한 학생들을 불러 모아 한국무용 동아리를 만들었다. 그 때 무용을 처음 접하게 된다. 당시 한국무용에 대한 기본적인 지식도 없이 그저 특이한 분장을 하고, 화려한 의상을 입고 무대에 서는 것이 좋아 동아리 활동을 이어갔다. 고등학교 진학을 앞두고 진로에 대한 고민이 깊어졌을 때 평범한 학생이던 내가 무대에서 특별해진다는 사실이 너무 좋았던 허정은은 부모께 무용을 전공하고 싶다고 말씀 드린다. 아시는 분의 소개로 김지은 선생을 만나 한국무용을 제대로 배우게 되었다. 당시 인문계고등학교에 진학한 1학년 때는 공부에 비중을 더 많이 둬서 무용을 소홀히 하였다. 2학년 때 김천예술고등학교로 전학가게 되면서 무용을 제대로 마음먹고 하게 되었다. 김지은 선생의 남동생 김우석 선생에게도 가르침을 받고 있었다. 그 당시 김우석 선생이 경기도립무용단의 '달하' 주역으로 출연하신다는 소식에 구미에서 서울까지 가서 처음으로 프로무용단의 공연을 보게 되었다. 항상 지방에서 작은 공연들만 보다가 제대로 갖춰진 프로 무용수들의 공연은 큰 충격과 무용단에 대한 꿈을 가지게 해주었다. 후에 국민대학교로 진학하게 된다. 처음으로 많은 학생들과 실기수업을 받게 됐지만 자신감 있게 나서지 못했고 끼도 없었다. 오죽했으면 당시 수업해주던 조흥동 교수께서 내 춤은 맹물이라고 소금 좀 치라고 하셨던 게 아직도 생각이 난다. 입시만 준비하고 주변에 같이 춤 추는 학생들이 거의 없었던 자신과는 다르게 어릴 때부터 다양한 작품들을 많이 보고 배워온 선후배, 동기들은 또 다른 자극으로 왔다. 잘하지 못하면 성실하기라도 하자는 생각에 그저 열심히 했다. 이미영 교수, 서예우 선생, 장혜림 선생의 도움으로 하나씩 극복하고 준비해가면서 졸업 후에 꿈에 그리던 강원특별자치도립무용단에 바로 입단한다. 짧은 무용인생이지만 가장 많은 배움을 얻고 춤이 깊어진 시기가 대학교 입시, 무용단 준비도 아닌 무용단에 들어가고 난 후였다. 윤혜정 예술감독께 무용단 내 다양한 작품들을 배우고, 공연을 올리면서 춤을 넓혀갔다. 한국무용 창작도 물론 너무 중요하고 애정을 가졌지만 특히 강원특별자치도 출신 선생님들과 함께 한 '불휘' 공연과 모두 전통작품으로 구성된 '무의무아' 공연을 통해 한국전통춤에 대해 다시 한번 더 생각하게 되는 계기가 되었다. 이후 전통 작품을 솔로로 올리는 '한국의 맥 100인전'을 공연하게 되었다. 준비하면서 자신의 한계와 단점에 대해 너무나도 깨닫게 되었다. 전통에 대해 깊게 들여다 본 적이 없어서 뭘 좋아하고 잘 할 수 있는지 알아가는데 시간이 오래 걸렸다. 항상 군무만 춰오다 솔로로 무대에 서야 한다는 생각에 큰 부담으로 다가왔다. 다른 분들에게 내가 쌓아온 춤을 제대로 보여드리고 싶은 욕심에 속을 너무 갉아먹었다. 많은 고민 속에 준비하면서 공연한 소고춤. 더 나아가 전통춤에 대해 애정이 생겼다. 많은 분들이 쌓아온 춤들을 찾아보며, 그 안에 얼마나 큰 세월의 깊이가 담겨 있는지 조금씩 보이기 시작했다. 이전까지는 전통공연을 봐도 크게 와닿지 않았는데 전통춤을 연습하면서 손 하나 뻗는 게 얼마나 어려운 일인지, 선생들이 추는 춤들이 얼마나 대단한 것인지 알게 되었다. 그렇게 깨달음을 얻으며 소고춤 공연을 올리게 되었다. 처음으로 내 춤에 관객들이 호응해주고, 추임새와 박수를 보내면서 같이 즐겨주는 것을 보고, 이게 바로 전통춤에서만 나올 수 있는 매력이구나 온몸으로 알게 되었다.

전통춤은 출수록 어렵고, 그 깊이에 끝도 명확한 답도 없다. 하지만 계속 전통춤에 대해 애정을 가지고 먼저 그 길을 가고 있는 선생들을 보고 배우면서 허정은만의 세월이 묻어나는 춤을 출 수 있기를 바래본다.

홍예인

홍예인은 서울 태생으로 초등학교 3학년때 발레를 배운다는 친구를 따라 무용학원을 처음 가보게 되었다. 2년간 발레리나라는 꿈을 조금씩 키워나가던 중 우연히 한국무용 수업을 청강하게 되었다. 처음보는 한국무용의 움직임을 그분들은 '곡선'이라고 불렀고, 그 표현에 대한 욕구가 컸다. 발레의 직선적인 움직임만 배워왔던 나는 한국춤이 가진 곡선에 매력을 느꼈고, 아무것도 모를 때에 생긴 욕심이었지만 '직선과 곡선의 조화'라고 불리우는 것이 내게 주었던 감동을 나도 다른 이들에게 전하고 싶었다. 이 때가 한국무용수라는 꿈을 품게 된 순간이다.

꿈을 이루기 위해 당시 다양한 레퍼토리와 실기지도를 배울 수 있는 선화예술중학교 진학을 목표로 언제나 성실함을 강조하며 불성실한 모습을 용납하지 않으셨던 부모의 가르침에 따라 입시에 전념했다. 입시무대에 오르기 전 설렘, 무대에서 춤을 추며 느낀 행복, 그리고 합격이라는 성취감까지 꿈으로 한발 짝 더 나아가고 있음을 믿어 의심치 않았다. 선화예술고등학교로 진학하며, 그 꿈과 나의 춤은 올바른 방향을 향하고 있었다.

고등학교 때 진로에 대한 고민 중 '한영숙류 승무'를 배우게 된다. 절제된 움직임 속에 나의 호흡을 이용해 장삼을 뿌리고 흩날리며 느껴졌던 강인한 힘과 장삼의 아름다운 선에 매료되었다. 승무와 더불어 '정중동', '동중정'의 특징을 가진 전통춤에 관심을 갖고 배우며 꾸밈없이 나를 비움으로써 만들어지는 움직임과 호흡을 추구하며 전통을 계승하고자 하는 마음으로 한국예술종합학교 전통예술원에 진학하게 된다. 전통예술원에서는 다양한 류파별 전통춤과 궁중정재, 신무용 등 많은 레퍼토리를 접할 수 있었다. 공연이 많았던 학교에서 자연스럽게 무대를 접하면서 직업무용수에 대한 꿈을 키워갔다.

대학을 졸업하자마자 운좋게 윤혜정 감독이 예술감독 겸 상임안무자로 있는 강원특별자치도립무용단의 객원무용수로 짧게나마 활동하게 되었다. 객원이었지만 무용단에 소속감을 갖고, 춤을 추면서 큰 자부심을 느꼈다. 이후 강원특별자치도립무용단의 비상임 시험에 도전하여 비상임으로 활동하면서 무용단에 가지는 사명감은 깊어졌다. 숨결이 살아있는 몸짓으로 무대에 오르며, 관객에게 감동을 주는 순간. 이 순간이 내가 가장 원해왔고 꿈꿔왔던 시간임을 다시 한번 깨닫게 된다. 그렇게 상임단원 시험에 응시해 합격의 결과를 받게 되었다. 무용단 입단 후, 윤혜정류 외 많은 전통 레퍼토리와 더불어 창작 움직임을 지속함으로써 춤을 연마하고 있다.

〈한국전통의 맥 100인전〉에 올리게 된 '윤혜정류 소고춤'을 통해 소고놀음의 움직임과 교방소고의 특징을 춤에 녹여내면서 소고의 기교적인 현란함보다는 한국춤의 '정중동'속에 묻어나오는 흥과 멋으로 춤을 추어내고자 했다. 앞으로도 전통춤에 대한 자부심과 책임감을 갖고 꾸준히 수련하며, 삶에서 녹아나는 자신의 춤 이야기를 만들어 내고자 최선을 다할 것이다.

신동옥

신동옥은 경상북도 구미시에서 태어났다. 어릴 적부터 예체능에 관심이 많아 미술과 피아노를 꾸준히 배웠다. 구미여자중학교에 진학해 사물놀이부에 입단하여 국악을 전공하게 된다. 전통예술의 첫발을 내딛는다. 타악과 피리를 전공하였으며, 타악은 경북도립국악단의 박정덕 선생께 사사했다. 주로 장구와 판굿의 소고잽이를 하였다. 이후 경북도립국악단의 김진식 선생께 피리를 사사해 경북예술고등학교 국악과에 진학하게 되었다.

예고 1학년 때 우연히 친구를 따라 무용학원에 가게 되었는데, 무엇인가 이끌리듯 춤을 추고 싶어졌다. 부모님과 학교 선생님들을 설득하여 고등학교 2학년 때 국악과에서 무용과를 전과해 무용을 전공하게 되었다. 한국무용으로 전과하였지만 국악과 무용은 많은 연관성을 가지고 있어 무용을 전공하면서도 계속 국악공부를 하였다. 영남대학교를 졸업하고 교육에 관심을 가져 각 유치원, 학원에서 국악과 한국무용을 가르치게 되었다. 전통문화예술을 전공하고 사랑하는 마음으로 우리 예술을 많은 사람들이 알고 즐겼으면 하는 마음이 컸다. 수업하면서 국악과 무용을 접목시켜 전통문화를 아이들에게 쉽고 재미있게 가르칠 수 있는 방법에 대하여 고민하다 전통문화의 다양한 분야를 접목시켜 하나의 프로그램을 만들어 수업을 진행하면 아이들이 좀 더 많은 전통문화를 이해하고 체험할 수 있겠다는 생각에 국악과 무용, 놀이 등을 하나의 연관성을 지어 재미있게 학습할 수 있도록 노력하였다.

수업을 개발하고, 교구를 만들면서 어린 나이지만 '전통문화 아띠락'이라는 이름을 가지고 본격적으로 강사를 양성하고, 체계적인 프로그램을 만들게 되었다. 유아를 대상으로 프로그램을 개발하다 보니 더 전문적인 지식이 필요하여 영진전문대학, 계명대학교 대학원에서 유아교육을 공부한다. 우리 전통예술인 국악과 한국춤을 조금 더 가까이, 많은 사람들에게 전해주고 싶은 마음에서 시작한 전통문화 교육사업은 현재 대구광역시 무형문화재를 기반으로 각 종목별 교육프로그램을 개발해 2022, 2023년 대구문화재단 유아문화예술교육사업에 선정되어 많은 아이들에게 지역의 전통문화를 경험할 수 있는 기회를 제공했다. 아이들이 조금 더 쉽고 재미있게 전통문화를 볼 수 있는 기회를 제공하기 위하여 인성국악뮤지컬을 기획하여 현재 활발히 활동 중이다. 전통문화교육 뿐만 아니라 전통춤 또한 꾸준히 공부하며 활동하고 있다. 전통춤은 20대 후반에 수당 정명숙 선생을 만나 살풀이춤을 사사하며 본격적으로 시작하게 된다. 현재는 김진희 선생에게 살풀이춤, 진도북춤, 춘앵전, 화선무, 교방살풀이 춤 등 다양한 전통춤을 공부하고 있다. 첫 우리춤 작품으로 '춘앵전'을 접하게 되었다. 춘앵전의 반주음악을 피리를 전공하며 연주 한 곡으로 작품을 터득하는데 많은 공부가 되었다. 지금도 '춘앵전'은 어려운 작품이지만 꾸준히 20년을 추고 있다. 음악과 춤의 연관성을 더욱 중요하게 생각되는 작품이기도 하다. 신동옥은 현재 전통문화 아띠락 교육연구소와 여밈무용단 대표로 활동하고 있다. 전통춤을 추는 것도 중요하며, 전통문화예술을 많은 사람들에게 다가가고 알릴 수 있는 교육도 중요하다고 생각한다. 소중한 우리춤을 깊이 있고 올곧게 춤추며, 전통문화예술을 접할 수 있는 공연과 교육프로그램을 개발을 통해 많은 이들에게 즐겁게 접할 수 있는 기회를 제공하고자 힘쓰고 있다.

김아론

II. 춤추는 예인들

전라남도 광주에서 태어나 따뜻한 가정아래 자라왔다. 증조할아버지부터 친할머니, 아버지 대대로 꿈꿔왔던 예술의 길을 일찍이 펼치게 된다. 아버지는 6세가 된 김아론에게 여러 무용공연과 콘서트, 뮤지컬 등 예술을 접하게 해주었다. 그렇게 자연스럽게 발레에 관심을 가지게 되어 7세가 되던 해에 광주에서 유명했던 발레학원에 들어가게 된다. 어렸을 적 늘 열심히 했던 탓에 각종 전국대회에서 1위를 하는 것은 물론 광주시립발레단 어린무용수 객원으로 들어가 여러 활동을 했다.

가정형편이 흔들리고 힘든시기가 찾아왔다. 발레를 더 이상 할 수 없었던 상황이 되자 학원을 그만 두려했다. 원장께 형편이 좋아지면 다시 배우러 찾아오겠다 말씀을 드리고 학원 문을 나가려가는 중 원장이 다시 부른다. "그러지말고 그냥 계속 다니고, 형편이 좋아지면 그때 갚으세요" 라는 말을 건네고 보냈다. 더 열심히 춤추고, 제일 마지막까지 연습 후 학원문을 잠그고 나가는 일상을 했다.어린나이에 스승의 마음과 감사함을 알았다. 그 마음에 위로를 받아 더욱 춤에 집중할 수 있는 시기를 보낸다.

좋아하는 춤을 추며·목표였던 예고를 진학했다. 하지만 그 후 오른쪽 발목 인대 2개가 파열되는 부상을 입게 된다. 학년이 올라갈수록 늘 있었던 다리에 대한 콤플렉스가 커지게 되어 큰 슬럼프에 빠져들었다. 발레를 같이 꿈꿔왔던 친동생과는 다른 길을 선택해야만 했고 그래도 무용을 포기할 수없기에 토슈즈를 신지않는 춤을 생각해 보던 중 한국무용을 해보면 어떻겠냐는 선생님의 추천으로 처음 한국춤을 배우게 되었다. '잘할 수 있을까? 이것도 못하게되면 어쩌지?'라는 생각보단 '계속 연습 해보면 어떻게든 되겠지. 기본기를 다지고 어차피 모르니까 모방하는 것부터 시작하자' 라는 마음으로 매일매일 국립기본을 5번씩하고, 학원에서 하던 제동작을 여러번 반복하는 일상을 보냈다. 여러 영상을 보며 따라 추어도 보고, 한국무용은 어떤 마음을 가지고 춰야할까를 늘 고민했다.

한국무용 원장이 대학교수가 되고, 교수를 따라 광주에서 대학교를 다니게 되었다. 학부 2학년이 됐을 해 '전통춤이 곧 창작춤의 밑거름이다' 라는 걸 깨닫고, 서울로 올라가 조흥동 춤 전수관에 발을 들이게 되었다. 너무나도 큰 선생님의 춤을 배우는 곳이기에 두려움도 있었다. 전통춤을 제대로 배울 수 있다는 설레임도 있었다. 그렇게 전수관에서 김정학 선생의 춤을 배우게 된다.

전수관에서의 배움은 행복이었다. 스승의 열정적인 가르침에 기본기와 호흡법, 호흡을 춤에 이용하는 방법, 전통춤의 방법론적인 것을 배우게 된다. 김정학 선생과의 만남 이후, 마음을 느끼며 춤출 수 있는 시작점이 되었다. 그 기본기가 밑바탕이 되어 전국신인무용콩쿨과 서울국제무용콩쿨에서 입상하게 되었다. 아직 많이 부족한 춤을 추고 있지만 스승의 가르침을 기반한 춤은 틀리지 않는다는걸 확신할 수 있었다. 그 후 춤을 계속해서 연마해 직업무용수의 꿈을 가지게 되었다. 노력의 결과, 강원특별자치도립무용단에 입단하게 되었다. 그동안의 춤을 시작한 계기서부터 힘들었던 과정들이 결실을 얻어냈다는것에 감사했다. 입단 후 상임단원으로서 예술감독의 창작, 전통 작품들을 어떻게 표현해야할지 고민하고 연습했다. 좋은 공연 올리기를 계속해서 노력해오고 있다.

무용단에서의 생활은 특별했다. 윤혜정 감독의 매회 다양한 연출로 여러 감동적인 무대를 서는 기회가 있었다. 2023년 10월, 청소년동계올림픽 강원특별자치도립예술단 합동공연 'SPAGE IN GANGWON'의 안무보로서 활동하며, 무용수로서의 다양한 경험을 했다.

진정한 한국무용수는 한국춤의 그 뿌리와 정신이 깃들어야한다는 마음가짐을 가지고 있기에 늘 전통춤과 창작춤을 동시에 연마하려 노력한다. 창작춤의 다양한 경험에 비해 전통춤 솔로로 무대에 올라갈 수 있는 기회가 적다는걸 알기에 '한국전통의 맥 100인전'에 도전해 보았다. 많지않은 나이에 선생님들과 서는 무대가 부담이 되었지만 춤에는 정답이 없고, 자신이 추는 춤에 집중만하면 될 거다는 마음으로 공연을 올렸다. 후회되지 않는 도전, 또 하나의 소중한 경험이 되었다.

무용수로서 활동하면서 자신에게 끝없이 도전하며, 모든 걸 배움으로 받아들인다. 성장을 갈망하며, 어느새 한 단계 한 단계 성장됨을 느끼는 과정들이 너무나도 소중하다.

송현아

II. 춤추는 예인들 227

1985년 9월 13일 대구 출생이다. 1남 1녀 중 막내다. 아버지가 경산 조폐공사에 계셔서 초등학교 4학년까지 사택에서 살았다. 어릴 때부터 운동을 좋아했다. 몸이 유연해 주위에서 여러 운동을 추천 받았지만 어머니는 딸이라 운동선수 생활은 시키고 싶지 않았다. 이사하면서 아파트 상가에 있는 무용학원을 다니게 된다. 한국무용, 발레, 현대무용 전공파트를 정하지 않고 배웠다.

　중학교때 원장 선생이 결혼하면서 어수선 할 때 발레 전문학원으로 옮기면서 발레 작품을 받았다. 개인작품 첫 무대인 한양대학교 콩쿨에서 장려상을 받았다. 그 후 원래 다니던 학원으로 돌아간다. 예고는 특기생전형으로 입학했다. 이때 발레 전공보다는 한국무용 전공을 선택한다. 전공을 선택하기에 앞서 비전에 대해서 상당히 오래 상담을 했다. 다행히 실기에선 1등을 놓친적이 없었다. 영남대학교에 장학생으로 입학했다. 한국창작무용만하다가 궁중무용을 접해서 그런지 너무 스타일이 맞지 않았다. 1학기도 다 채우지 못한 채 휴학했다. 외부 공연활동에 심취해 학교는 등지고 활동하다 졸업장 없이는 서류도 못내미는 상황이 오자 다시 학교를 다니게 된다. 30살에 졸업장을 받았다.

　그 당시엔 이끌어 줄 스승도 안계셨고, 춤공부에 대한 간절함과 열정도 없었다. 그렇게 37살에 선배의 추천으로 故 임이조 선생의 제자 김진희 선생을 만나 공부를 시작했다. 주변에서 여러 선생을 추천 받았지만 이상하게 끌림이 없었던 것 같다. 지금의 스승 김진희 선생께서 일주일에 한번 대구를 온다. 임이조류 입춤, 교방살풀이춤, 화선무, 이매방류 살풀이춤, 최희선류 달구벌 입춤, 박병천류 진도북춤 등을 추고 있다. 제자가 공연이나 콩쿨을 앞두고 있으면 2, 3일씩 더 봐주고 간다. 수업을 한번도 게을리 하지 않고 처음부터 끝까지 서서 같이 춤을 춰 준다. 그 덕에 힘입어 콩쿨 입상과 여러 공연무대에 설 수 있었다. 전통춤을 접한지 이제 3년차다. 늦깎이인 만큼 배움에 있어 하나하나가 소중하다. 한 디딤, 한 디딤 우선 목표는 석사 입학이고, 무형문화재 전수생이다. 그 다음 목표는 춤추며 생각해보겠다.

이연정

이연정은 1993년생으로 수원에서 태어났다. 이연정은 사춘기 방황하던 시절, 실용댄스를 시작으로 춤을 처음으로 경험하게 된다. 마냥 신나 몸을 흔들던 자신에게 실용댄스 선생께서 춤추는데 소질이 있으니 순수무용을 권유하였다. 춤을 너무 좋아했던 어린마음에 수원에 있는 무용학원을 시작으로 한국무용의 세계에 발을 딛었다. 2007년 봄, 이문이 스승께 한국무용을 사사했다. 처음으로 사사한 작품은 이매방류 살풀이춤이다. 첫발을 내딛는 것 조차 쉽지 않았지만 묘한 끌림이 있던 순간이 기억난다. 한국춤을 배우며 뜻대로 되지 않던 순간들이 있었지만 춤을 놓치지 않겠다는 마음으로 춤을 이어나갔다. 중학생시절 이문이 스승께 무용을 배우고 익히며, 한층 더 무용가의 길로 나아가고 싶다는 꿈을 키우며, 예술고등학교 진학을 준비하였다. 진학 준비과정에서 안구 부상으로 춤을 추지 못할 위기에 처했으나 춤에 대한 마음이 컸던 어린아이는 포기하지 않고 앞으로 나아갔다. 꿈을 포기하지 않았기에 계원예술고등학교에 진학하게 되었다. 무용가의 꿈에 한층 가까워졌다 생각했던 그때가 기억이 난다. 계원예술고등학교에서도 사사한 작품은 살풀이춤이였다. 첫 작품으로 받았던 한국 전통춤은 배우면 배울수록 헤어나올 수 없는 매력이 있었고, 점차 깊어지는 살풀이춤에 대한 마음이 커져 대학교 입시까지 살풀이춤으로 가득 채웠다. 대학입시를 준비하며, 마음의 힘듦이 있었지만 나의 가족과 주변 선생님들의 응원에 잘 이겨낼 수 있었고, 동덕여자대학교에 진학하였다.

대학교를 다니며 한국 창작춤을 배우게 되었고, 창작춤을 추면서도 한국전통춤을 깊게 배우고 싶다는 생각을 하여 김부경 스승을 만나 전통기본춤부터 승무, 살풀이, 입춤, 교방굿거리 등 한국전통춤을 깊이있게 배우게 된다. 성인이 된 후 첫 작품으로 교방굿거리춤을 사사했다. 교방굿거리춤은 사계절을 담아낸 몸짓이 인상깊고, 한국춤을 10년 가까이 배우며 처음으로 '아 지금 내가 춤을 추고있구나'라는 느낌을 처음으로 선물해준 작품이다.

자신의 춤을 느끼며 추고 있는 만큼 이전의 작품과 다르게 더욱 어려움을 느꼈지만 무용가의 꿈에 한발 더 가까이 다가가고자 대회라는 도전에 발을 딛었다. 교방굿거리춤 작품으로 2015년 제48회 전국무용경연대회와 '2015년 국제무용콩쿨 - 아시아지국'대회에 참가해 〈최우수상〉과 〈금상〉을 수상하였다. 교방굿거리춤을 추면서 한국 궁중무용에 관심을 갖게 되었다. 그 시기인 2017년에 진주검무에 입문하게 된다. 진주검무는 1967년 국가무형문화재로 지정되어 현존하는 궁중무용계열 중에서 역사가 가장 오래된 것으로 알려져 있어 배움의 가치가 있다고 생각하였다. 2017년 진주검무보존회 전수반에 들어가 현재까지 이수자가 되기 위한 길을 걷고 있다. 이 과정에서 '진주검무보존회-논개제'와 '한국의 맥- 100인전' 등 다수의 진주검무 공연에 참여해 무용수의 길을 잃어버리지 않고 꾸준히 걸어가고 있다.

이연정은 춤을 익히는 과정에서 춤을 추며, 무아지경을 경험하는 카타르시스를 경험하게 되었다. 이는 춤이 갖고 있는 힘을 느낄 수 있게된 경험이었다. 춤의 힘을 느끼고, 춤의 긍정적인 측면을 모두에게 전파하고자하는 마음이 들게되어 일반대학원에 진학하여 무용교육과 표현예술에 대한 공부를 시작하게 된다. 무용공부를 시작하며, 무용교육분야의 연구에 이바지하고자 현재까지 윤혜선 교수께지도받아 무용교수법과 표현예술상담을 중심으로 연구활동을 지속하고 있다. 연구자의 길을 지속하며, 2020년 한국무용과학회 〈우수논문상〉, 2021년&2022년 국제문화&예술학회 〈우수학술상〉을 수상하였다. 연구활동 과정에서 받은 논문수상은 다시금 무용교육 연구에 힘을 실어주어 현재까지 연구활동을 지속하기 위해 노력하고 있다.

이연정은 2007년 한국춤에 입문해 현재까지 공연활동을 지속하며, 무용가의 꿈을 잃지 않고자 노력하고 있다. 무용교육과 표현예술분야 연구도 지속하며, 무용이 갖고 있는 힘을 전파하고자 끊임없이 노력하고 있다.

강기쁨

강기쁨은 서울 강동구에서 태어나 엘리바스 신학원에서 기독교무용을 하던 어머니를 보며, 어려서부터 자연스럽게 무용공연을 많이 보게 되었다. 어머니를 닮아 무용에 소질을 보인 강기쁨은 초등학교 때부터 교회 및 선교활동을 통해 기독교무용으로 무대에 오르며, 무용에 많은 관심과 흥미를 가지게 된다. 일반대학에 입학하면서 2014년에서 2015년까지 휴학계를 제출하고, 태국으로 선교활동을 떠나 그곳에서 선교무용을 하며, 태국인들에게 무용을 가르쳤다. 태국인들은 한국의 선교무용과 한국무용에 관심이 많았으며, 한복의 아름다움과 한국무용의 동적이면서도 정적인 선의 가치를 높게 평가했다. 어렸을 때는 배우는 것에 집중하였다면 태국에서는 가르치는 것에 많은 흥미를 느끼게 되었다. 태국에서의 활동은 배우는 사람이 될 뿐만 아니라 잘 가르치는 교육자의 입장이 되어야겠다는 마음가짐을 가지게 된 계기가 되었다.

대학교를 졸업하고, 어머니의 권유로 명지대학교 자연미래교육원 전통무용과 교수 김진옥 선생을 만나 한국무용을 배웠다. 김진옥 선생은 故 정민 선생에게 교방무를 배웠으며, 교방무 외에도 여러 스승들을 거쳐 살풀이, 승무 등 한국전통무용의 진수를 가르치고 있다. 명지대학교 자연미래교육원 전통무용과에 지원하여 3년동안 김진옥 선생에게 한국춤 기본무, 교방무, 검무, 장고춤 등을 배우면서 우리춤을 터득하고 수료하였다. 한국무용을 본격적으로 시작한지 6개월 만에 제9회 아차산 전국국악경연대회에서 '교방살풀이' 작품으로 신인부 대상을 수상하게 되었다. 동시에 김진옥 선생의 추천으로 진주교육대학교 교육대학원을 진학하게 되면서 송미숙 교수에게 깊이 있는 한국무용에 관한 이론과 실기를 배우게 되었다. 대학원에서의 공부와 여러 국내외 공연을 겸하면서 그동안 배우지 못했던 새로운 것들을 접하게 되었고, 한국무용에 대한 깊이와 폭이 넓어지게 된다.

2018년에 GLOBAL KOREA 무용콩쿠르에서 한국무용부분 최우수상을 수상하였고, 제24회 한밭국악전국대회 일반부 군무 부분 최우수상 수상, 제3회 전국무용경연대회 전통부분 우수상 수상 등 늦게 시작한 무용인으로서의 길을 천천히 넓혀나가고 있다. 2020년에 因緣之舞 전통춤 발표회를 효윤아트센터에서 가진 바 있다. 3th ICAF Asian International Culture&Arts Forum in Beijing, China 초청공연, International TAPTOE in Belgie 초청공연, 古今을 아우르는 예술공감콘서트 공연, 한국문화예술의 예맥&풍류 공감예무 공연, 말레이시아 초청공연, 한국예인의 명작명무전 공연, 제6회 차세대 명무전 공연 등 여러 국내외 공연에 참여해 무용예술의 지평을 넓혔다.

2022년에는 ㈳박병천류 진도북춤 보존회 정회원으로 국립남도국악원에서 열린 故 박병천 명인 15주기 추모공연에 참여하여 100인의 진도북춤을 선보였다. 박병천류 진도북춤은 ㈳대한무용협회명작무 제20호로 지정된 종목으로 흥겨운 춤사위와 현란한 북놀음을 가진 춤이다.

강기쁨은 진도북춤 이외에도 교방무, 진주검무, 살풀이춤, 검무, 입춤, 부채춤, 장구춤 등 다양한 춤을 추며, 안무에도 뛰어난 재주를 가지고 있다. 2019년 벨기에에서 열린 International TAPTOE 행사에 공군국악대와 협연하여 한국무용의 미와 멋을 전 세계 사람들에게 알려주는 등 국내 활동 뿐만 아니라 해외 활동도 하고 있다. 강기쁨은 전통춤 뿐만아니라 한국무용을 시작하게 된 기반이 되었던 선교무용은 먼저 선교무용의 길을 닦아온 어머니와 함께 솔라그라티아 Solagratla 단체에서 활동하고 있다. 국내뿐만 아니라 태국, 말레이시아, 캄보디아, 라오스 등 해외 활동도 이어나가고 있다. 선교무용은 한국무용과 현대무용을 기반으로 두고 있으며, 선교무용만의 움직임과 선을 가지고 있다. 예전에 어머니께서 말씀한 전통무용인으로서의 기반과 선교무용인으로서의 발전을 위해 전통무용의 멋과 호흡을 선교무용에 접목함으로써 발전, 보존, 전승을 위해 다방면으로 노력하고 있다. 국가무형문화재 제12호로 지정된 진주검무 전수자로서 진주검무 공연 활동도 이어나가고 있다.

강기쁨은 국립진주교육대학교 교육대학원을 졸업했다. 재학 중 한국무용의 전승과 보존에 관심을 갖게 되어 다음 세대들인 중고등학생들의 한국무용 인식이 어느 정도인지, 한국무용을 다음 세대들에게 전승하기 위한 노력이 무엇이 필요한지에 대해 논문을 작성했다. 논문은 중고등학생 100명을 대상으로 연구 조사하였으며, KCI에 등재되었다.

강기쁨은 전통춤이 가진 가치와 깊이를 실기뿐만 아니라 이론도 함께 겸하며 배우고, 전승, 보존해야 함을 전통춤인의 기본 자세로 여긴다고 밝혔다. 현대사회의 빠른 변화와 외국으로부터 들어오는 문화들로 인해 한국 전통춤이 점점 잊혀져 가고 있으며, 소수의 사람들만이 그 명맥을 이어가는 현 시대를 통감한다. 일반인들에게도 뮤지컬처럼 편안하게 다가갈 수 있는 방법들을 모색하고, 연구하고 있다. 또한 선교무용의 나아갈 방향과 한국무용을 기반으로한 선교무용을 연구, 개발하고 있다.

Ⅱ. 춤추는 예인들

충남 천안에서 나고 자라 천안에서 무용공부를 시작해 서경대학교 무용학부에서 학업을 시작하였다. 학부생 때는 무용단을 꿈꾸는 어린 학생이었다. 이후 무용인으로 무용단만이 아닌 본인이 가야 할 길을 정확하게 찾는 게 중요하다고 판단하는 계기가 있었다. 졸업과 동시에 학업에도 무용에도 흥미를 잃고, 춤에 뜻을 찾지 못해 방황하는 시절이 1년 가량 지속되었다. 당시 나의 스승이신 ㈔전통춤협회 천안시지부장 정도겸 선생께서 집앞까지 찾아와주며 계속해서 전통춤을 다시 시작할 수 있는 계기를 심어주었다. 스승께서 어떻게 이끌어 주시는지에 제자들은 정말 많은 갈림 길에서 방황하지 않고, 다시 제자리를 찾을 수 있다는 것. 현명함을 배우는 것을 깨닿게 되었다. 이후 스승의 지도에 따라 지속적으로 무용 공부에 매진 할 수 있었다. 그럼에도 어렸던지라 또 방황하고 흔들리고 많은 실수도 있었다. 굳은 의지를 알려주신 스승 덕분에 조금 더 단단한 예술인으로 성장했다고 생각된다. 다시 무용에 뜻을 심기 시작한 때는 대학원 진학부터다. 당시 단국대학교 박사로 학업 중이던 정도겸 선생을 따라 단국대학교 석사시험을 보고 입학하게 된다. 새로운 환경, 새로운 배움을 받으며 공부에 뜻이 생겼다. 동시에 호남산조춤 보존회에 들어가게 되어 전통춤에 첫 발을 내딛었다. 당시 2019년도였다. 대학원에서는 학업을, 보존회에서는 춤 공부에 매진하는 시간을 3년 보냈다. 대학원 3학기가 되던 시기, 개인공연 또는 논문 중 선택하여 졸업을 하여야했는데 글쓰는 것이 재밌었고, 논문을 작업하는 과정에 흥미가 느껴 논문을 선택하게 되었다. 1년 안에 작성하지 못 하였고, 후년도까지 2년을 작성하였다. 졸업논문에 애정이 깊다. 그만큼 열심히 배우고 연구하였으며, 자신이 학업에 열정이 있다는 것을 느끼는 과정이었다. 보존회에서는 나이가 어린 막내로 큰 선생들 어깨 너머로 춤사위를 따라하며 춤 공부에 매진하였다. 다행히 동작 순서를 외우는 것은 느리지 않게 빨랐고, 정확한 동작과 춤사위 공부를 더 열심히 하였다. 호흡, 손동작, 발동작 쉬운 것은 하나도 없었다. 매주 하루 춤 공부를 하는 시간이 너무나 즐거웠다. 그렇게 전통춤에 빠져든 것이다. 아직은 많이 부족하고, 어리숙하지만 발을 디디는 자세, 호흡, 겨드랑이 사용법 등 모두 신경쓰며 동작을 연결하는 것이 전통춤의 매력이라는 것을 느끼게 되었다. 현재도 계속해서 공부 중이며, 춤 공부는 끝이 없다고 생각된다. 정확한 틀을 잃어가지 않기 위해 현재의 젊은 무용인들이 포기하지 않고 꾸준히 전통의 맥을 이어나가는 것이 중요하다고 생각한다. 본인도 이런 부분에 의미를 두고 전통의 맥이 끊기지 않도록, 전통의 틀에 벗어나지 않도록 계속해서 이어나갈 것이다.

이지민

II. 춤추는 예인들

경기도 의정부에서 태어나 짧은 어린시절을 보내다 직업군인이셨던 아버지를 따라 구미로 이사를 갔다. 초등학교까지 생활을 하다 다시 대구로 이사를 가 그 이후로 쭉 대구에서 중,예술고등학교를 나와 계명대학교를 졸업했다. 대학졸업을 하자마자 바로 무용단 시험을 본 후, 구미시립무용단원을 역임하고, 경주 정동극장 등 객원무용단 생활을 하면서 다양한 한국무용의 전통춤과 창작을 배웠다. 해외공연을 줄 곧 다니며, 넓은 눈을 가지게 되었다. 그 덕을 쌓아 30대에 자신의 개인무용단 이름으로 많은 창작공연을 안무하면서 좋은평을 많이 받아왔다. 국악원 오디션 기회가 생겨 이매방살풀이와 춘앵전을 배우게되면서 전통에 관심을 가지게 되고, 제대로 전통춤에 입문하고자 무용단에서 배워온 한국무용창작의 움직임만으로는 부족함을 느껴 한국무용 전통춤의 역사적 흐름에도 관심을 가져 현재 경희대학교 석사과정을 수료중에 있으며, 논문을 준비중이다.

무용에 첫발을 내딛게 된 계기는 친척분들 중 한국무용을 하고 있어 어릴적에 엄마 손잡고 우연히 공연장을 놀이터처럼 들락달락했던 우연한 시점이 지금의 길이 되었고, 친척분의 소개로 스승인 김진희 선생은 꾸준히 저의 부족한 점들을 채워준다. 많이 알려주신 이매방류 살풀이춤, 박병천류 진도북춤, 임이조류 입춤, 임이조류 화선무, 장고춤, 최희선류 달구벌입춤, 교방살풀이춤 등을 배우며, 춤공부와 공연활동을 하고 있다. 국가무형문화재 제12호 진주검무를 유영희, 김태연 보유자 선생께 지도받으며, 서울지부에서 송미숙 지부장 선생께 배우고 전수중에 있다

지금처럼 춤 출때가 가장 나답고 내가 살아있다고 느껴지며 아름답고 행복하다. 전통춤은 박제된 것이 아니라 시대와 호흡하며, 계속해서 진화하고 생명력을 이어가는 것이기에 앞으로 꾸준히 전통춤을 춰 나갈 계획이다.

Ⅱ. 춤추는 예인들

정재현

무용이라는 것을 아예 모르던 정재현은 1999년 서울에서 출생하여, 학문에만 열중하다 미래의 나에 대해 고민을 하던 중 내가 정말 좋아하는 것이 무엇일지 고민하다 한복을 정말 좋아하던 자신이 떠올라 한국무용이라는 것을 처음 시작하는 계기가 되었다.

한국무용을 배우고 싶은 생각을 한 뒤 정재현의 춤에 대한 시작을 첫 스승인 윤혜정 선생을 만나게 된다. 중학교 시절 선생께 한국무용에 필요한 기본기와 창작작품들을 배우며 우리춤을 접하게 되었다. 다른 사람들보다 늦게 시작한 배움이었지만 첫 무용 시작을 윤혜정 선생의 가르침으로 시작하게 되어 한국무용의 멋과 아름다움을 보다 가까이 그리고 크게 느낄 수 있었다. 선생께서 직접 춘 춤이나 공연들을 보고 자신 또한 선생같은 춤을 추고 싶다는 생각이 들었고, 선생의 길을 뒤따라 걷고 싶다는 생각이 들었다. 춤에 대한 목표를 가지게 되었다.

고양예술고등학교에 들어가 춤에 대한 다양한 것들을 배우게 된다. 많은 콩쿠르에 지원하며, 좋은 결과를 받았다. 열심히 노력한 결과로 한양대학교 무용학과에 입학하여 창작발표회, 졸업발표회, 정기공연 등 많은 공연을 하며 무대 경험을 늘려왔다.

춤의 시작부터 지금까지 꾸준히 선생께 춤 공부를 해오며 춤에 대해 더욱 관심을 가지게 되었다. 이때까지만 해도 창작이 전부인 줄만 알고 춤을 춰왔지만 창작뿐만 아니라 조흥동류 수건입춤, 조흥동류 진쇠춤, 중부살풀이, 호적시나위, 맨손살풀이, 윤혜정류 소고춤 등 다양한 전통춤을 직접 배우고, 선생께서 안무하고 감독한 많은 공연을 직접 보고 추면서 전통에 대해 자세한 춤 공부를 할 수 있었다.

대학 졸업 후, 강원도립무용단의 비상임단원을 9개월간 하며, 춤에 대한 나의 열정, 사랑을 한 번 더 확인할 수 있었다. 강원도립무용단에서 '강호' 외에 다양한 작품을 하며, 춤을 출 수 있어서 너무 행복했다. 매일 무용을 하며 스스로 자랑스러운 마음이 생겼다. 강원도립무용단 비상임단원으로 있으면서까지도 무용단 정단원에 대한 꿈을 가져 왔지만, 무용단 단원이 아닌 윤혜정 선생의 제자 정재현으로 알리고, 발전해나가고 싶은 생각이 들었다. 부끄럽지 않은 제자가 되고 싶고, 자랑스러운 제자가 되고 싶다.

연세대학교 체육 및 여가 교육학과에 지원하여 춤과 함께 더 좋은 무용 교육을 어떻게 할 수 있을지 공부하며, 석사과정과 교직을 준비하고 있다. 전통춤에 대한 멋과 아름다움을 그 누구보다 좋아하고, 존경하는 마음을 가지고 한국 춤을 추며 많은 사람에게 알리고 싶다. 앞으로 계속해서 전통춤을 배우고 연구하여 더 좋은 결과를 가져오고 싶다.

한국전통의 맥 藝人展

2024년 2월 21일 인쇄
2024년 2월 28일 발행

저　자 | 송미숙, 이주영

인　쇄 | 레인보우북스
주　소 | 서울특별시 관악구 신림로 75 레인보우 B/D
전　화 | 02-2032-8800
팩　스 | 02-871-0935
이메일 | min8728151@rainbowbook.co.kr

값 30,000원

ISBN 978-89-6206-550-3 (93680)

＊본서의 무단복제를 금하며,
　잘못된 책은 구입한 곳에서 교환해 드립니다.